新时代职教改革发展丛书

混合式课堂教学改革与实践
——微动教学法

石铁峰　石家羽　著

中国水利水电出版社
www.waterpub.com.cn
·北京·

内 容 提 要

本书主要论述线上线下混合式课堂教学的改革与实践，内容主要包括什么是真正的教育、什么是高效课堂、高校课堂教学的现状分析、混合式课堂教学概述、微动教学法概述、微动教学法的理论基础、微动教学法的教学过程、教学管理云平台的设计与实践、微动教学法对学生能力培养的要求、微动教学法的教学建议和微动教学法在教学中的应用，书中附有教学案例，具有一定的实用性和可操作性。

本书适合高校、中职学校教学一线教师以及教育工作者参考使用。

图书在版编目（ＣＩＰ）数据

混合式课堂教学改革与实践：微动教学法 / 石铁峰，石家羽著. -- 北京：中国水利水电出版社，2022.9
（新时代职教改革发展丛书）
ISBN 978-7-5226-0965-2

Ⅰ．①混… Ⅱ．①石… ②石… Ⅲ．①高等职业教育－课程教学－教学改革－研究 Ⅳ．①G718.5

中国版本图书馆CIP数据核字(2022)第157600号

策划编辑：周益丹　责任编辑：高辉　加工编辑：刘瑜　封面设计：梁燕

书　　名	新时代职教改革发展丛书 混合式课堂教学改革与实践——微动教学法 HUNHESHI KETANG JIAOXUE GAIGE YU SHIJIAN ——WEIDONG JIAOXUE FA
作　　者	石铁峰　石家羽　著
出版发行	中国水利水电出版社 （北京市海淀区玉渊潭南路 1 号 D 座　100038） 网址：www.waterpub.com.cn E-mail: mchannel@263.net（万水） 　　　　sales@mwr.gov.cn 电话：（010）68545888（营销中心）、82562819（万水）
经　　售	北京科水图书销售有限公司 电话：（010）68545874、63202643 全国各地新华书店和相关出版物销售网点
排　　版	北京万水电子信息有限公司
印　　刷	三河市元兴印务有限公司
规　　格	170mm×240mm　16 开本　12 印张　181 千字
版　　次	2022 年 9 月第 1 版　2022 年 9 月第 1 次印刷
定　　价	75.00 元

前　　言

作者从事教育工作 30 多年，曾担任过高校教师、教研室主任、系主任和学校领导等职务，对教育这一行业、教师这一职业、课堂这一主阵地，都有许多特别的感悟和期待。

在高校教学中，面对一些屡见不鲜的"伪教育"现象，面对教育生活中一些教师的职业倦怠，面对课堂教学中的低效课堂乃至无效课堂，作者深切地感受到，我们的高等教育，一方面取得了前所未有的巨大成就，如发展规模的扩大、教育管理水平的提高和教学技术的运用等，同时也存在一些不容忽视的问题，如素质教育、教学质量、教学模式创新等问题，这些都与教师的教学方法有直接的关系。为此，作者致力于研究高校课堂教学改革，利用大量的时间深入教学一线调研，了解了部分高职院校和本科院校课堂教学的现状，开展了有关教学法方面的研究与实践，试图找到一些有助于高校课堂教学改革的方法，帮助教学一线教师提高教学能力和教学质量。

随着社会的进步，时代的交替，教育方法的改变已成为必然规律。在奴隶社会便产生了国学和私学，在封建社会有科举制度，在近代有国家举办的各类学校，现代学校学习了前苏联的班级授课制，教育模式的变化是社会发展的产物。当今我国各项事业正处于改革的深水区，与以往所不同的是，科学技术飞速发展，改变了人们的生活方式和学习习惯，在教育领域，教与学双方在理念上、思维方式上发生了根本性变化，我们已不能用旧的思维模式、传统的教学方法与评价标准来要求教育，我们的教育模式应随之改变，才能满足社会对人才培养的要求。

作者研读了许多古今中外教育著作，研究了美、英、德等国的教育理念与教学方法，结合我国高校的现实情况，创造性地提出了微动教学法，并在教学实践中不断改进与完善，得到了越来越多师生的认可与好评。微动教学法把教学过程分为感知、设计、实施和述评四个阶段，每个阶段都明确能力培养的任务，在教学中既要发挥教师的主导作用，也要尊重学生的主体地位，以小组合作探究学习的方式开展教学活动，把被动学习变成主动学习，调动学生学习的积极性和主动性。本书主要介绍微动教学法的理论基础、教学过程和教学建议等，书中附有教学案例。

本书由广西机电职业技术学院石铁峰教授和广西机电职业技术学院石家羽共同撰写。在撰写过程中，作者参考了国内外专家学者的文献，书中有些内容引用来自网络，教学案例由部分高校教师提供，在此一并表示衷心的感谢。

作者撰写本书过程中，得到了广西群贤教育集团有限公司和广西众创空间孵化基地的大力支持，在此致以诚挚的谢意。

由于作者水平有限，时间仓促，书中难免有不当之处，敬请读者提出宝贵意见。

作者

2022 年 3 月

目　　　录

第一章　什么是真正的教育

百年大计，教育为本。一个国家的教育强则综合国力强。教育关系到国家、民族发展的根本，是促进科技发展、经济繁荣、社会进步的重要力量。教育工作者在深刻领会教育重要性的同时，也要认真思考"什么是真正的教育"这一问题。只有深入理解教育的含义，才能正确把握教育的方向，为国家培养更多的高素质人才。深入理解真正教育的内涵，我们可从中外教育家对教育的论述中寻找答案，产生共鸣，豁然醒目。

第一节　我国教育家对教育的论述

一、我国古代教育家对教育的论述

我国古代教育家对教育的论述可追溯到秦汉时期。最早系统论述教育的重要文献《礼记》把"教"解释为"长善而救其失者也"，"育"在《说文解字》一书中解释为"养子使作善也"，这告诉我们教育的目的是使孩子善良的方面不断地增长，使他的过失得以挽救。《中庸》开篇的第一章中写道："天命之谓性，率性之谓道，修道之谓教。"这告诉我们，上天所赋予人的东西就是性，遵循天性就是道，遵循道来修养自身就是教。《大学》在开篇中写道："大学之道，在明明德。"这说明了大学的道理，在于彰显人人本有、自身所具的光明德性（明明德），再推己及人，使人人都能去除污染而自新。仅把孩子养大，那不叫"育"，必须使他有良好的人格，有高尚的品质，有做人的标准，这才叫"育"。所以品格的教育是居于教育体系的核心地位的，这是我国古人对教育内涵的精辟论述。

孔子在《论语·述而》中写道："子以四教：文、行、忠、信。"这是指教学内容的四个基本方面。其中"行、忠、信"都是道德教育的要求。孔子还说"弟子，入则孝，出则悌，谨而信，泛爱众，而亲仁。行有余力，则以学文。"首先要做一个品行符合道德标准的社会成员，其次才是文化知识的学习。所以，在孔子的教育内容中，道德教育占首位，文化知识必须为德育服务。

同时，孔子认为教学过程不仅是教师教的过程，更重要的是学生学的过程，提倡把研究教师如何教建立在研究学生如何学的基础上，提倡启发诱导。《论语》中写道"不愤不启，不悱不发，举一隅不以三隅反，则不复也"，就是说只有当学生进入积极思维状态时，教师才能适时地诱导、引发，帮助学生打开知识的门扉，找准思维的方向。主张教学要"当其可"，难易程度适当，要从多方面激发学生的学习兴趣，使其好学、乐学。

墨子是我国先秦时代继孔子之后有巨大影响力的思想家、教育家。墨子是躬行实践的教育家，在教育方法上有重大贡献。一是他指出教与学是不可分的统一体，他把教与学比作和与唱，"唱而不和，是不教也"。二是教师要发挥主导作用，他以撞钟为例，说"扣则鸣，不扣亦鸣"，要求教师不要处于"待问后对"的被动地位，应主动向学生提出问题，做到"不扣亦鸣"。三是提出"量力所能至"的自然原则。这说明墨子已经看到教学有一个由浅入深的认识过程，可以说墨子是中外第一个提出量力性原则的教育家。四是强调学以致用。他说"士虽有学，而行为本焉"，意思是学习的目的在于行，他还认为判断一个人行为的好坏，必须把行为动机的"志"和行为效果的"功"结合起来。

孟子是我国古代继孔子之后最著名的儒家学者。他身处战国中期的社会大变革时期，以"正人心，息邪说，距诐行，放淫辞"为己任，"讲道德，说仁义"，建立起别具特色的思想道德教育学说体系。这个体系以"性善论"为思想基础、以在"民本论"基础上建立起来的"仁政"说为主要内容，以"反省内求"为入德之方，把孔子的思想道德教育学说推到了一个新高度。他主张要培养人才，最根本也是最高的目标是培养人们具有仁者之心；他主张性善说，认为人心是慈善的，但是潜在的，必须经过培养、教育和自己的扩充努力才能变为现实。他的这些思想对我们民族的思想道德教育和文明进步产生了十分深远的影响。

二、近现代教育家对教育的论述

我国近代民主革命家、教育家蔡元培，1917 年就任北京大学校长，他是 20 世纪初中国资本主义教育制度的创造者。他的教育实践和教育思想，集中起来就是以道德教育为中心，以世界观教育为终极目的。以美育为桥梁，进行德、智、体、美四育和谐发展的教育。他认为，教书是要引起学生的读书兴趣，做教员的不可一句一句或一字一字地讲给学生听，最好使学生自己去研究，教员不讲也可以，等到学生实在不能用自己的力量了解功课时，才去帮助他。蔡元培在培养健全人格方面也提出了自己的思想，指出要全面培养学生的综合素质与基本能力，促使学生具有更好的社会适应性，这与我们当前的教学目标在本质上是一致的。

我国著名教育家陶行知关于教育的论述有："教育能改良个人之天性。人之性情有善有恶，教育能使恶性变善，善者益善。"他还认为："因为道德是做人的根本，根本一坏，纵然使你有一些学问和本领，也无甚用处。"他认为，先生不应该专教书，他的责任是教人做人，学生不应该专读书，他的责任是学习人生之道。人像树木一样，要使他们尽量长上去，不能勉强都长得一样高，应当是：立脚点上求平等，于出头处谋自由。陶行知关于教育的思想和实践，使他成为近代中国知识分子爱国爱教的突出代表，对我国教育发展做出了开创性贡献。他以"捧着一颗心来，不带半根草去"的赤子之忱，为近代危机多难的中国探寻"教育救国"之路。最可贵的是，他不仅创立了完整的教育理论体系，又以"甘当骆驼"的精神努力践行自己的教育理想，三十年如一日矢志不移，其精神为世人共仰。他提出的"每日四问""六大解放""育才十二要""怎样培育十六学能"等论述至今仍有很好的借鉴意义，尤其是他提出的"生活即教育""社会即学校""教学做合一"三大主张，是对教育规律的高度概括和凝练，得到了社会的普遍认同。他对真正的教育有自己个人的观点，他认为："真教育是心心相印的活动，唯独从心里发出来，才能达到心灵的深处。"

杨贤江是中国最早的马克思主义教育理论家和青年教育家。他运用历史唯物主义观点阐明了教育的本质，认为教育是社会上的上层建筑之一，如同法律、政治、宗教、艺术、哲学等观念的形成一样，建立在经济基础之上，取决于经济基础，又反作用于经济基础。这是关于教育本质问题的经典论断，是对我国当代教育理论的一大贡献。

杨贤江在教育理论方面的重要建树是：一是致力于中国马克思主义教育理论建设，创造性地阐述了教育本质问题，出版了《教育史 ABC》和《新教育大纲》；二是致力于中国青年的教育，提出了"全人生指导"的青年教育思想，对青年的健康成长影响很大。

我国近现代史上著名的教育家、现代职业教育先驱黄炎培，长期致力于研究和推行职业教育，对职业教育的理论和实践问题提出了一系列的论述，同时，他大力兴办学校，并组建中华职教社、中华职业学校等。职业教育的实践使黄炎培认识到：职业教育的目的仅靠传授知识和技能是无法实现的，必须培养"敬业乐群"的职业道德；他提出"吾人立志须清清楚楚地有目的有计划的做一个人"，一方面要满足个人生活之需要，另一方面要谋求对社会的回报，对于如何回馈社会大众，他认为要"就吾所认为若干重要工作中，择定吾所能干愿干的一种努力去干，绝不作大小高低的比较观"。他注重培养学生的思想品德，认为只有品德高尚才更好地服务于社会。他的职业道德教育思想是"敬业乐群"，"敬业"是指"对所习之职业具嗜好心，所任之事业具责任心"，要求学生应该具备正确的择业观与就业观，以热爱作为选择职业的依据和出发点，并要具备对所从事职业的责任感，化职业为自己终生追求的事业，在不懈努力中完成自我实现和对社会的贡献；"乐群"则是指"具优美和乐之情操及共同协作之精神"，要求学生应该具备"理必求真、事必求是、言必守信、行必踏实"的高尚情操、"利居众后，责在人先"的服务意识，同时还要有合作互助的精神。黄炎培的职业教育思想对二十世纪二三十年代的中国教育改革产生了巨大的影响。

吴贻芳是我国第一位女大学校长，同时也是我国近现代教育史上一位杰出的女教育家。她独创的"全人格教育"思想有一套完整的教育体系，具有如下具体特征。第一，强调细微学习的重要性。人格教育的实现，贵在"慎之于微"，学校应特别注重慎微的陶冶，使学生的整个人生得到良好的发展。第二，强调人格教育的基础性。健全和完善的人格教育对于整个人生的影响之重大、意义之深远值得我们反思。第三，强调教师的示范性。正所谓"为人师表，行为世范"，如果没有教师的人格示范，那么学生的人格陶冶就会很难收到预期的成效。第四，强调个人道德和品性的培养。孜孜追求的不仅仅是物质上的满足，更要有精神上的富足，学会明辨是非，引人向善，信仰真善美，追求高尚的道德情操。第五，强调差异性和独特性。尊重学生的个性和差异，特别强调因材施教的教育方式。第六，强调爱国教育。结合当时的社会现实，吴贻芳在教育之中适时地融入爱国主义教育，这一点具有大情怀和大智慧。第七，强调独立性。"全人格教育"对于我国的高等教育人才培养具有现实意义。

第二节　外国著名教育家对教育的论述

一、外国古代著名教育家对教育的论述

苏格拉底是古希腊著名的教育家，他的教育思想具体包括：第一，他重视发展人的智慧和道德品质修养，曾提出"美德就是知识"的命题，并认为教育的目的就是要发展人的智慧、完善人的道德；第二，他对教育发展的另一个重要贡献在于他在教育过程中倡导问答式教育（亦称产婆术），他并不直接教给学生各种道理和知识，而是通过与学生的对话、辩论启发学生，引导他们逐渐接近正确的答案，主张首先要培养人的美德，教人学会做人，成为有德行的人；其次要教人学习广博而实用的知识。他说，在所有的事情上，凡受到尊敬和赞扬的人都是那些知识最广博的人，而受到谴责和轻视的人，都是那些最无知的人。

亚里士多德是古希腊著名哲学家和教育家。他首次提出了教育是适应自然的理论，并根据学生身心发展的不同阶段对教育的内容、方法、步骤进行了具体的安排，论述了和谐发展教育问题，从而把古代西方教育理论推向了一个新的高度。他的"文雅教育"思想对后世西方的教育产生了重要影响，曾支配欧美中高等教育两千多年之久。他提出了"教育要效法自然"的理论，指出合理的教育要遵循

儿童的自然形成，即根据儿童身心成长的特点来进行。他还提出了与三部分灵魂相适应的三种教育，即发展植物灵魂的体育、发展动物灵魂的德育和发展理性灵魂的智育。

柏拉图是古希腊著名的思想家、哲学家和享有盛誉的教育家。他认为，教育应该和人的全面发展相结合。在全面教育学习的过程中个人的天赋是非常重要的，教育有着改造个人的功能，"一个人从小所受到的教育把他往哪里引导，就能决定他后来往哪里走"。然而每个人的天赋又不相同，这就决定了每个人后天的职业性质及社会地位。天赋固然很重要，但是"如果所得到的是不适合的培养，那么最好的天赋就会比差的天赋所得到的结果更坏"。为了社会、国家和个人的全面发展，柏拉图提出用和谐的教育培养和谐发展的人，用全面的教育培养全面发展的人。基于教育的全面性发展，柏拉图就提出了全面发展教育思想，提倡教育不是传统的灌输式教育，不能妄想把没有灵魂的东西灌输到有灵魂的东西中。柏拉图相信通过学习知识，每个人的德、智、体、美、劳等各方面都能得到全面发展，全部公民都能根据自身的天赋能力为国家的发展作出应有的贡献。

昆体良是西班牙古代教育家，他提出了过去一直被忽视的教师在教学过程中的作用问题。他对儿童心理特点和教学方法进行了研究，认为教师必须以父母般的态度对待儿童，并彻底了解儿童能力的差异和倾向；惩罚、鞭打，乃至嘲讽，只能使幼小的心灵受到创伤；教师的鼓励和榜样是使学生学习成功的有效方法。他的著作《演说术原理》一书是古代西方第一部系统的教学方法论著。

蒙田是法国文艺复兴后期人文主义思想家，他提出的教学方法有如下五点：第一，不要死记硬背，"死记硬背，并不是完善的知识，这只是把别人要求记住的东西保持在记忆里罢了"。学生不仅要记住老师的话，更要领会老师所讲内容的精神实质，要培养学生的理解力。学生要学会把别人的知识通过理解和吸收转变成自己的知识。对此，蒙田还把学习比喻为人吃东西，他说："即便我们的肚子装满了肉，如果没有消化，有什么用处呢？如果它不转变为我们的东西，如果不给我们营养，增强我们的力量，又有什么用处呢？"第二，不要轻易服从权威，不要盲从。学生要学会独立思考。"一个仅仅跟着别人走的人，不会去探索什么东西，也寻找不到什么东西。"学习要像蜜蜂采蜜那样,博采众长,为我所用。第三,不要只学书本知识,"仅仅进行书本学习是贫乏的。"学生要和别人交谈来往,出国旅行,观察各种奇异的事物,总之,要把世界作为"书房",从而扩大视野,如困守一处,就会眼光短浅。第四,要因材施教。教师一开始就应该按照他所教育的孩子的能力施教。如果"采取同样的讲课方法和教育方式来指导很多体质和性情都不相同的儿童",那可能其中只有两三个人可以获得良好的结果,而要因材施教,教师首先要了解学生的个性特点。第五,教师对学生的学习多引导,发挥学生的主动性,切忌事事处处包办代替。他要求教师有时候给学生"开条路",有时候让学生"自己去开路"。他说:"我不希望导师独自去发明,只是他一个人讲话,而应该容许学生有讲话的机会。"他指出:"教育不是培养驮着书本的蠢材。"

布鲁纳是结构主义课程论的创始人,代表作有《教育过程》《教学论》《教育过程再探》等。其基本思想是:强调在科技革命和知识激增的条件下,必须按结构主义原理进行课程改革,让学生掌握科学知识的基本结构,即基本原理或基本概念体系;强调得到的概念越基本,概念对新问题的适用面就越广;断言在结构主义课程前提下,任何学科都能够有效地教给任何发展阶段的任何儿童;强调不仅要教出成绩良好的学生,而且还要帮助每个学生获得智力上的发展,为此就要抛弃传统的复现法,代之以有利于开发智力的发现法。

二、外国近现代著名教育家对教育的论述

爱尔维修是法国的哲学家,他认为,人的才智差别是因为人所处的环境和后天的机遇以及所受的教育不同所造成的,甚至认为教育可以创造天才,他认为人类天赋智慧平等,认为"教育万能",教育可使人幸福和强大,人身上的精神、美德和天才是教育的产物。

康德是德国哲学家,他提出,教育是为了使人向善,让他将潜伏于内心的善性发展出来,教育是为了发展人的各种自然禀赋,教育是为了让儿童适合于人类理想与人生的全部目的。

雅斯贝尔斯是德国的哲学家,他认为,教育是顿悟的艺术,就是引导灵魂的

眼睛抽身返回自身之内。教育就是要通过培养不断地将新的一代人带入人类优秀文化精神之中，让他们在完整的精神中生活、工作和交往。教育不仅是知识内容的传授，还包括生命内涵的领悟、意志行为的规范和灵魂的启迪。教育的关键在于选择完美的教育内容并使学生之"思"导向事物的本源。他强调，教育是人的灵魂的教育，而非理智知识和认识的堆集。他认为："教育的本质是一棵树摇动另一棵树，一朵云推动另一朵云，一个灵魂召唤另一个灵魂。"

苏霍姆林斯基是前苏联著名教育实践家和教育理论家，他提出了人的全面和谐发展理论，人的全面发展是马克思主义教育理论的一个基本原理。苏霍姆林斯基根据社会的要求和自己的实践，提出学校的主要任务是培养全面和谐发展的人。这是他终生执著追求的目标，也是他的教育思想的核心。他认为全面和谐发展的人，就是把丰富的精神生活、纯洁的道德、健全的体格和谐结合在一起的人，是把高尚的思想信念和良好的科学文化素养融为一体的人，是把对社会的需求和为社会劳动和谐统一起来的人。要实现这样的目标就必须实施全面和谐发展教育，即把教育看作由德育、智育、体育、劳动教育、美育五部分有机地相互联系并相互渗透的统一整体。

赫尔巴特是德国著名的哲学家、心理学家和教育家。赫尔巴特被西方教育史界誉为"科学教育学的奠基人"，他的《普通教育学》一书被视为世界教育史上第一部具有科学体系的教育学著作。赫尔巴特在教育理论上的重大贡献主要有：在教学方法上提出"形成阶段"理论，是当时教学方法的重大革新，为近代教学法的建立奠定了基础。赫尔巴特认为，课堂教学应该适应学生心理活动的规律。他根据他的心理学理论，细致地研究了教师向学生传授知识和学生获得知识、形成观念的具体过程，提出关于教学过程的"形式阶段"理论，主张课堂教学应该有计划、有步骤地进行。

享誉全球的教育家、曾任耶鲁大学校长20年之久的理查德·莱文曾说过："真正的教育不传授任何知识和技能，却能令人胜任任何学科和职业，这才是真正的教育。"

德国著名教育学家斯普朗格曾说过："教育的最终目的不是传授已有的东西，

而是要把人的创造力量诱导出来，将生命感、价值感唤醒。"马克思也说过："教育绝非单纯的文化传递，教育之为教育，正是在于它是一种人格心灵的唤醒。因此说教育的核心所在就是唤醒。"

要判断一种教育的好坏，最简单的标准就是看它是在唤醒每个人内在的智慧还是在灌输知识，是在引导还是在压制。前者必须尊重个性、保护天性，后者必然泯灭个性、扼杀天性。

第三节　真正的教育是什么

当我们追问"什么是真正的教育"时，并不是要给教育下准确的定义，而是想讨论怎样的教育更有意义。从中外教育家对教育的论述中，我们可以看出，真正的教育首先是改良个人的天性，培养人的美德，教人学会做事做人，其次教人获取知识的方法与途径，使人掌握知识与技能。教育是一种心灵的唤醒，唤醒人内力的觉醒，唤醒人的责任感和远大的志向，是培养人自我探索的能力、独立思考解决问题的能力和获得幸福的能力，是让受教育者在思考和实践的过程中逐渐自我领悟知识，而不是把所谓的知识直接灌输给受教育者。

真正的教育是帮助学生建立健全的人格，只有拥有健全人格的人，才能不断挑战自己的潜能极限，努力成为最好的自己，才能找到内心的安宁，保持灵魂的高贵与怜悯，否则，即便拥有再多的金钱，再高的学历，上再厉害的名校，最后也可能成为一个内心痛苦的人。

真正的教育不是简单的知识传授，也不是反复记忆背诵，而是通过向学生提问题，让学生去观察、思考、思辨，最后去实践这个过程，不断提高学生的自我思辨能力，使学生在面对复杂问题时，能正确作出判断，把问题解决好。

我们知道，教育的主要途径在教学，教学的主阵地在课堂，可见，探索课堂教学改革对提高教育教学质量至关重要，尤其在信息技术快速发展的今天，研究如何利用线上线下混合式课堂教学改革对提高高校教育教学质量显得尤为重要。

第二章　什么是高效课堂

第一节　高效课堂的定义

教育最终要回归到课堂，著名教育实践家和教育理论家苏霍姆林斯基曾这样说："教育思想的源泉是课堂，创造活动的源头是课堂；课堂，是教育信念的萌发园地。"教育工作者深知教育的根本在于课堂，要提高教育的内涵，必须要提高课堂的教学质量。如何打造高效课堂已成为大家关注的热点。

我们倡导的高效课堂是相对于传统教学模式下的"有效""低效"，甚至"无效"的课堂教学而言。高效课堂是有效课堂的进一步提升，它融入了线上线下混合式教学技术，使课堂教学效果更佳，教学评价更公正、合理。顾名思义，高效课堂是指课堂教学效果有相当高的目标达成的课堂，具体而言是指在有效课堂的基础上较好地完成教学任务、达成教学目标的效率较高、效果较好的课堂。我们可以把高效课堂的含义概括为五个方面：一是在有效的时空里采用恰当的策略，高效率、高质量地完成教学任务，促进学生获得高效、全面的发展；二是努力优化课堂教学过程，使教师在单位时间内提高自己的教学效率，教学效果显著；三是教师要关注学生对课堂的参与度以及自觉学习的程度，运用各种教学方法与手段调动学生主动参与到课堂中，使绝大多数的学生都能在课堂中互动起来，课堂气氛比较活跃；四是课堂教学能使学生在知识技能、过程方法、情感态度价值观等方面获得明显全面协调的发展；五是在课堂中实现了少教多学的教学状态，师生之间呈现友好融洽、愉快交流的双向过程。

课堂是否高效，主要看两个以下方面。一是效率的最大化，即投入等量的时间完成的任务量最大。这里的任务主要指课堂内的教学目标达成情况，以及教学内容、作业完成情况等。二是效益的最优化，即学生被教育教学影响的积极程度。它的衡量往往是隐形的，如行为习惯的养成、兴趣志趣的培养、思维品质的培养等。效率的最大化和效益的最优化是高效课堂必不可少的因素，只有这两方面都实现的课堂才是真正的高效课堂。提高课堂教学效率一直是高校追求的目标。当前课堂教学改革的目标也是探讨如何投入最少的人力、物力、财力等取得更大的教学效率和效益。

第二节　高效课堂的认识误区

在传统教学中，教师在课堂上照本宣科、一讲到底，学生被动接受知识，这样的课堂不尊重学生的情感体验，不注重学生素养的提升，不能激发学生学习的兴趣。因此，我们期待高效课堂的出现。在深入高校开展调研时，我们发现教师们普遍反映教学工作量比较大、教材容量大、任务重，他们眼中的高效课堂往往评判标准不一，认识的误区主要集中在以下几个方面。

一、把高容量课堂等同于高效课堂

所谓高容量课堂其实只是课堂教学中教师传授的知识量与教学时间的比值达到最大化，而不是学生学习效果的最大化。每次上课，教师上讲台面对教案、课本或 PPT 一讲到底，上课没有激情，课堂死气沉沉，学生听课云里雾里，不知所云。教师上课虽然很认真、很辛苦，值得尊敬，但这种做法实不可取。虽然教学任务很重，但要考虑学生的认知水平和接受能力，不能一味地对牛弹琴，这是不科学、不合理的教学。有的教师为了增加课堂容量，不管有用无用，不分轻重主次，不论深浅难易，都给学生灌输，这种教学方法不利于师生互动，课堂效果显然不高。可见，这种高容量课堂并没有带来高效果、高效率，反而影响了学生学习的激情和动力，这种大容量的课堂实质上是无效课堂。

二、把高强度课堂等同于高效课堂

高容量课堂必然是高强度课堂。课堂教学的容量和强度都需要有一个度,不可超越学生的认知能力。为了在有限的时间内完成教学任务,教师往往加大教学强度,教学效果并不理想。如需要学生十分钟阅读的内容,要求在五分钟之内完成,而当教师布置下一个学习任务时,大多数学生还停留在上一个任务中,这样,学生就被动地被教师牵着鼻子走,感觉很疲惫。高强度课堂会使部分学生失去学习的信心和动力,逐渐放弃对学习的追求,导致课堂教学的无效。虽然有些教师变"满堂灌"为"满堂问",教学方法有了创新,但抓住不了关键点,提出的问题简单、空泛,结果是课堂教学内容空洞,教学过程效果不佳。因此,"满堂问"取代"满堂灌"并不能代表课堂教学的进步,这样高强度的课堂也只能是无效课堂。

三、把抓高分课堂等同于高效课堂

当前部分高校的教学仍然是传统教学理念为主,教学评价单一,无论是期中评价还是期末评价都以考试为主要考核方式,考试题目死板,靠机械记忆应付过关,这种考核方式不能公正评价学生的水平与能力,因为学生在考试中往往审题思路不清,解题方法不科学,组织答案不规范,获得高分的学生并不多。要想学生在考试中获得较高的成绩,就必须提高他们的解题能力和熟练程度,就会出现题海战术。授人以"鱼"不如授人以"渔",在应试教育理念下就被误读为解题方法指导和解题技巧训练,高效课堂也被误认为就是抓高分课堂。这种抓高分课堂不可能是高效课堂。

四、把死记硬背的课堂等同于高效课堂

考试用于检验学生学习的情况,通过考试给予学生某门课程的成绩,这对学生的影响比较大。但是如何理解考试的目的,就成了衡量教师对于高效课堂认识高度的关键点。很多教师到期末就出题对学生进行考试,学生通常临时背一些答案或者笔记应付考试,短时间内当然有效,但是这种做法之下的课堂教学效率很

低，课堂缺乏人文魅力。对于书本中呈现的人生情感缺乏体验参与，忽视学生综合素质的提高，使学生兴趣日减，为了考试拿高分而机械地死记硬背，这种教学没有教给学生什么实际内容，一味教那种死记硬背的方法，对于学生个人的发展没有什么好处，这种课堂不是高效课堂。

高效课堂关键在一个"效"字，究竟是否有效？高效、低效还是无效？这些问题都是需要在高效课堂中解答的问题。如果高效课堂的内涵被曲解为课堂教学容量大，提出并解答问题多以及教会学生科学审题、规范答题，那么如此课堂实质上还是低效课堂。

第三节　高效课堂的主要特征

所谓高效课堂，是指在教师的指引下，学生独立思考去完成任务，最终收获一个完美的教学效果，使得学生在各方面协同发展。什么样的教学效果才算是好的效果？作者认为主要表现在这几个方面：首先看教师能否充分调动课堂气氛，使课堂充满激情，并最终完成预期的教学目标；其次看学生的学习兴趣是否浓厚，思维是否活跃，是不是真正参与到课堂当中与教师共同完成了教学任务并掌握了所学知识，能够运用流畅、通顺的语言表达自己的观点。那么，什么样的课堂才是高效课堂呢？高效课堂的基本特征有六个，分别是主动性、互动性、生成性、展示性、差异性和高效性。

（1）主动性。主动性是指个体按照自己规定或设置的目标行动，而不依赖外力推动的行为品质。学生主动性主要通过兴趣、爱好以及深层次的价值观的驱使下，而不是外在因素，如教师、父母强迫其学习。其建立的途径需要从以下方面着手：一是发挥学生主动性的前提是要建立融洽的师生关系；二是主动性发挥的基础是创设开放、包容、民主、合作的课堂氛围。作为教师，高效课堂主动性的提高，就应该通过提高课堂的趣味性来增加学生对知识的兴趣，进而增强课堂学习的主动性。

（2）互动性。传统课堂的弊端之一就是师生缺乏互动性，教师在传统观念的影响下，视自己为"知识权威的化身"，对课堂进行控制，进行单方面的讲授，教支配学。学生只是一味地接受、记忆、模仿，许多创新的想法、兴奋点被扼杀。长此以往，学生自然觉得课堂知识无趣，厌学便由此产生。这样的课堂是低效的。我们所提倡的高效课堂是通过师生的互动来实现的。教师要与学生展开互动、交流、合作，共同合作探究，以实现知识的获得，做到教学相长。这样才能发挥教师的主导作用，真正提高人才培养的质量。

（3）生成性。生成性主要指在课堂教学中一些新的预设之外的知识和过程的生成，包括"资源生成"和"过程生成"。教师重视这些资源，教学过程中才可能有真实有效的师生互动和生生互动。因而，教学设计和准备的重心，是放在如何充分地了解学生、把握学生在课堂中的真实状态，放在如何解读课本文本和教学任务的具体要求以及根据自己对学生的了解而增强教学的切实性上。课堂生成性教学锻炼了学生创造性思维品质，培养了创新意识。生成的知识既源于课本又高于课本，而且生成性的过程比起知识本身更有价值。

（4）展示性。展示性是指在课堂上检验教师的教学预设情况，学生进行展示成果。当然，这样的成果是五花八门的，有对也有错，这样包容性的课堂才是真正的新理念改革的课堂。让学生们尽情地展示，这样才有成就感、进步感、落后感、时间感，"你追我赶"才能促进学生的进步成长。通过展示自己的成果，不仅能够检查学生掌握知识的情况，而且能够培养学生多种能力，如学生逐个汇报，能够培养学生语言表达能力、分析能力等。

（5）差异性。差异性是说班级内有基础差和基础好的学生的差异性。但是，在高效课堂中学生是平等的，在发言的机会上，在展示成果的机会上，在探究问题的机会上都是均等的。教师在设计问题时要分层设计，难易不同、深浅不同、形式不同。针对学生的差异性，要求教师因材施教、因势利导、对症下药，"一把钥匙开一把锁"。不同差异的学生都能得到肯定认可，都能体会到自身价值实现的喜悦。俗话说"一花盛开不是春"，我们要的是百花齐放、百花争艳，这样我们的课堂才能变得丰富多彩。

（6）高效性。高效课堂无疑是注重课堂教学的效率及效果的。在高效课堂，不仅要完成知识的疏导及传授，达成教学目标，更重要的是，要树立起学生对学习的全新认知，激发学生对学习的热情，培养学生的自主学习习惯。高效课堂要真正意义上实现高效性，就需要提升教学能力，建立完善的教学体系，这也是现阶段高效课堂的发展目标。高效课堂要想做到真正的自主高效，就必须要将最大化效益和最大化效率两者和谐统一，否则高效就只是一句空话。换一句话说，只有建立全维度的教育教学体系，努力强化教学成效，以最低的教学成本创造最好的教学质量，才能真正规划好教学内容和时间安排，使高效课堂不再是一句口号，而是能够真正发挥课堂本来的作用，培养学生更多的能力。

第四节　让课堂洋溢生命感

一、让课堂充满爱的阳光

高效课堂不仅具有主动性、互动性、生成性和高效性等特征，而且应该具有爱的情感。因为教育是一个充满爱的事业，著名特级教师霍懋征说过："没有爱就没有教育，没有兴趣就没有教育。"教育家捷尔任斯基也说过："谁爱孩子，孩子就爱他，只有爱孩子的人，他才能教育孩子。"由此可见，教师的关爱与学生的学习兴趣有着紧密的联系，每一位学生都希望得到爱的精神雨露。如果教师在课堂教学中能全面渗透爱的教育，在师生间建立起真挚的感情，并教会学生将这份爱传递给他人、社会和自然的一草一木，就可以收到神奇的教学效果。

教师在教学中要真诚地关爱学生，要潜移默化地向学生渗透爱，以此来健全其人格，完善其心理品质，使他们在校园这个大家庭里快乐成长。在教学中教师要注意多与学生沟通，认识学生，了解学生，营造充满爱的课堂才能使课堂教学实现双赢。一个课堂对于大学生的吸引力通常只有几分钟，如果一个教师上课没有艺术，课堂死气沉沉，学生很快把视线转向手机或者别的地方去。一个没有互动或者魅力的课堂，毫无生命力可言。因此，寻找能被大学生接受的课堂教学方法显得尤为重要。尊重个性发展，追求生命价值，崇尚思维的碰撞，师生互动互爱的课堂才是幸福的课堂。营造充满爱的具有生命力的课堂才能激发师生的活力与创造力。心理学家汤姆金斯认为:"情感是可以激发人类活动的内驱力,具有激发有机体行动的放大媒介作用。"博尔诺夫认为:"教育教学的质量好坏取决于教学环境中师生之间情感的交流与互动的态度,取决于课堂氛围是否温馨有爱。"

爱是教育成功的根基,爱拉近了师生间情感的距离。爱让学生充满了求知欲和信心,爱的情感促进了教学的高效率。学生毕竟是学生,他们有懂事也有犯糊涂的时候,请用温暖、充满浓浓爱意的心去包容他们,去感化他们,学会欣赏他们,他们就会爱学校、爱老师、爱学习、爱课堂。

二、课堂是开启学生心灵的地方

课堂是心灵交融的美好过程,也是让人性变得更美好的地方。诚如陶行知所说:"真教育是心心相印的活动,唯独从心理发出来,才能达到心灵的深处。"苏霍姆林斯基说过:"教育,这首先是关怀备至地、深思熟虑地、小心翼翼地触击年轻的心灵,在这里谁有细致和耐心,谁就能获得成功。"是的,课堂教学的核心不在于传授本领,而在于激励、唤醒和鼓舞。

在教学过程中,师生可在交互中实现心灵的对接。课堂互动是一个动态的过程,师生在持续交互作用中交换思想、情感,通过心灵的对接、意见的交换、思想的碰撞,实现知识的共同拥有和个性的发展。通常课堂教学的互动主要有两种:师生互动和生生互动。师生互动是指教学过程中,师生互相沟通、共同探讨、共同研究,在这一过程中,教师给学生以指点,学生给老师以启发,相互促进,共同发展;生生互动是指学生间摆脱了冷漠的学习方式,在学习活动中,互相合作、互相沟通,共同提高学习效益。

现在不少教师有这样的感觉:与学生沟通越来越不顺畅,有事要去交谈时,往往与学生还没说上几句,学生就显得不耐烦,不愿交谈。可能教师忽略了最重要的东西,那就是倾听。教师经常以说教者身份存在,很少倾听学生说话,甚至拒绝、打断学生的表达,给学生内心带来伤害,久而久之学生就不愿说话。所以掌握倾听的技巧是一种教育能力，也是教师应该具备的教学方法。

成功的教育，关键在于得到学生内心的理解和认同。如果师生关系好、感情好，学生自然会打开接受教育的闸门，使你的话源源不断地流入他的心田。教师的教育，通过感情的正向作用就会产生积极的效应，与学生内心向上的愿望结合起来，化作进取的力量。

三、课堂是激活思维的地方

1. 教师巧设问题，激发学生的创新思维

在课堂中，教师根据所学内容巧设问题，激发学生的创新思维，给学生自主交流、互动、讨论问题的空间，这不仅能活跃课堂气氛，还能有效促进师生的交流沟通。另外，教师的引导促使学生学会抓住问题的关键来思考与联想，让学生明白只要抓住问题的本质，就可以对问题分析清楚、到位，解决问题就比较容易，这些引导可以激发学生的创新思维。同时，还可以通过改变教学环境，创造有利于学生思维能力发展的思维课堂。如根据教学目标，巧妙设置一些问题，并通过问题引发学生去思考，让学生自主去探究，培养学生具有发现问题、分析问题和解决问题的能力。为更好地培养学生的创新思维，教师首先要提高自己的教学能力，丰富自己的专业知识，精心设计一些有趣的教学活动，鼓励学生积极发问，以培养学生的自主能力、思维逻辑，提高学生的创造力。

2. 巧妙精心设问，敢于逆向思考

逆向思维指的是改变平常的顺向思维，从另一个角度分析问题，将往常的想法颠倒过来，是一种高效的思维方式。教师在教学中要善于观察学生的表现，当学生遇到难题时，要主动引导他们避免用固定的思维来分析问题，鼓励他们尝试用逆向思维来思考问题，这样可克服思维的局限性，提高解决问题的效率。培养学生的逆向思维，对于他们的逻辑思维辨别能力的发展具有推动作用，有利于学生对问题的理解和事务的解决。例如学生进入大学以后，学习的课程多了，理解知识的难度加大了，运用知识的要求提高了，这考验学生的逻辑思维能力，要求学生解答各种推断题和探究题，如果学生掌握知识不牢固，逻辑思维能力不强，

那么解答这类型的题目就感到力不从心。培养学生的逆向思维能够提高学生的思辨能力，对学生构建自己的知识体系有很大的帮助。如果学生不能够把知识点与知识点之间联系起来，就会导致所学知识点变得散乱，无法形成一个完整的思维逻辑系统。

3. 创设特殊情境，激发学生的辩证思维

辩证思维是反映符合客观事物辩证发展过程及其规律性的思维。它是人类特有的一种重要的思维方式，是从变化发展的角度去认识事物的思维方式，它要求我们观察事物、分析问题要有动态发展的眼光。课堂是培养学生具有辩证思维的好地方，在课堂教学中，可以通过让学生积极参与、内化、吸收去实现教学的目标。情境教学一方面是理论联系实际的有效载体，另一方面教师需要在学生的角色体验中把传递正能量作为教学目标。特殊情境提供了调动学生的原有认识结构，经过思维的内部整合作用，顿悟或者产生新的认知结构。

"一流教师教思想"，在一定意义上说明了思维引导在教学中的重要性。辩证思维作为思维的最高形式，无论是学生还是教师本人，若能很好地掌握其思想的精髓，在生活中自然而然运用，那么，遇到复杂问题时将会心有成竹，说话有条有理，解决问题步骤清晰，办事成功率较高。

第五节　情感体验和品质提升是课堂的灵魂

作为教师，要根据学生的实践情况，选取学生感兴趣的话题，联系生活实际编制出符合学生特点，针对性强、实用性强的教材，让学生在轻松愉悦的学习中真正了解生活、体验生活、感悟生活，将自己所学的知识结合自身的理解运用到解决具体生活问题中去，在思考问题、分析问题、解决问题的过程中感受知识的重要性，体会到生命的重要意义，实现知识与技能、情感与价值观的共同提升。

高效课堂的核心是思维训练和能力培养，高效课堂的灵魂是情感体验和品质提升，我们要把学习的权利充分交给学生，把主持课堂的权利交给学生，让学生真正成为学习的主体，成为课堂的主人，在教学过程中，我们要遵循"相信学生、解放学生、依靠学生、发展学生"的教学理念，大胆放手，给学生充分的时间和空间，让他们在课堂上尽情地讨论和展示，说出自己的观点、提出自己的意见、充分发挥每个人的想象力和创造力，做"真正的自我"，不必害怕同学的不满，不必担心老师的批评，因为"你"就是课堂的主人，真正实现"我的课堂我做主"。只有教师的"放手"，才有学生的"创造"，只有教师的"信任"，才有学生的"发挥"。"相信学生、解放学生、依靠学生、发展学生"是高效课堂走向成熟的根本理念。

高效课堂基于问题的解决，提出问题比解决问题更重要。只有巧设问题并通过问题引领教学，才能培养学生分析问题和解决问题的能力。没有任何问题的课，不是一节好课；不能解决问题的课，是一节没有意义的课；不能引发学生思考的课，是一节没有价值的课。

作为教师，要经常反思自己所上的课是否高效，要总结经验，不断提高教学质量，要积极探索在教学中引人向善，要融情感态度价值观于课堂教学之中，要善于巧设问题，通过问题培养学生的思维与能力，因为思维的碰撞能产生思想的火花，情感的体验与升华能促进学生生命的成长。总之，我们要记住：高效课堂的高效不是教学教的高效，而是学生学的高效。

第三章　高校课堂教学的现状分析

评判高校教学质量主要看课堂教学整体质量，因为课堂教学质量是学校发展的生命线，它直接影响人才培养的质量。可见，高校的课堂教学工作占据十分重要的地位。然而，调查研究结果表明，不少高校的教学质量提高比较缓慢，造成高校培养出来的学生综合素质不高，特别是优秀人才较少。究其原因，除了教学内容不能与时俱进以外，更重要的是教的方法和学的方法不当。因此，分析高校的教学现状，找出存在的问题以及解决问题的办法已成为高校教育工作者亟待解决的重要问题。

第一节　高校课堂教学存在的问题分析

一、传统的教学思想仍在教学中占主导地位

为深入了解高校的教学现状，作者对国内部分高校抽样进行了较长时间的调研，发现调研的大多数高校课堂教学存在着一些共性的问题，主要是在教学思想和教学方法方面存在理念比较落后、改革措施不力等问题，影响了学校教学质量的提升。许多教师还用自己过去的那一套教学方法来教学，因而"填鸭式""一讲到底"依然是高校教学方法的主旋律。尽管这种教学方法具有严密的逻辑性和有利于知识在短时间里系统传授等优势，然而由于它用于学生独立学习的时间少，给学生留有的思考空间少等局限导致了学生缺乏学习的主动性、积极性和创新精神，学习兴趣降低，学习的潜能受到钳制，造成了课堂上"教师口若悬河，学生呆若木鸡"的局面。虽然传统的教学思想强调传授系统的科学知识，历史上也确实起过积极的作用，曾有力地推动了社会生产力的进步。但是在当下，人类社会

已进入信息化时代，科学技术日新月异，知识经济初露端倪，要想在有限的学校教育中、课堂上全面地掌握各方面的知识已不可能，也没必要，因此，研究如何教学生会学习、切实提高教育教学质量这一现实问题，已成为时代的呼声。

近年来，虽然我们已经意识到传统教学方法的不足，提出了不少改革的措施与建议，但由于我们还没有研究出适应时代发展的教学法，传统教学法在教师当中仍然占主导地位，而且已根深蒂固，因此，在教改推进的步伐仍然很艰难、很缓慢，甚至难以推进，即使改革之后的课堂仍然见到"教师滔滔不绝，学生昏昏欲睡"的局面，教师在教学中注重的是"教"而不是"学"，学生的主体地位没有得到应有重视，虽然在一些学术会议或研讨会上经常听到学者呼吁建立以学生为中心的教学体系，但在实际的教学改革中真正实施甚少。主要原因是许多教师不愿接受新的教学法，怕麻烦，再者，适合于高校教师使用的教学法不多，虽然国外有一些教学法可以借鉴，但往往不适合照搬，因此，高校教师上课大多数仍然沿用传统的讲授法，教学质量提高不明显，人才培养质量跟不上社会发展的需要。

二、知识的传授方式单一，不利于吸收与消化

传统教学以教师为中心，教师上课是把课本上的知识直接灌输给学生，从而导致学生在学习过程中处于被动的状态，缺乏主动思考和解决问题的能力，无法培养起学生的自主学习能力和学习积极性，在教学过程中，教师与学生之间缺乏有效的沟通和互动，偶尔教师提出问题，学生回答问题，很多学生在私下里，不敢和教师进行沟通和交流，甚至不敢找教师解决疑难问题，这样一来，不论是课堂上还是课下，教师和学生之间都无法建立和保持良好的互动。传统的教学模式严重忽视了教学中的情感因素，无视学生心理发展的正常需求，严重束缚了学生学习的主动性和创造性的发挥。众所周知，知识应该是在实践中理解与吸收的，而不是通过强行灌输、学生死记硬背获得的。教师应该转变教学方法，从直接传授知识，转变为教会学生获取知识的方法与途径，激发学生的学习兴趣，只有这样，才有利于启迪学生的思维，有利于帮助学生建立完整的知识体系，有利于提高学生的能力，有利于促进学生主动学习和个性的发展。

三、课堂上师生之间互动比较少

长期以来的"填鸭式"教学造成了一些不良的后果,如养成了学生的思维惰性。学生处于被动的接收状态,缺乏参与意识,如果没有教师点名提问,主动回答问题的学生寥寥无几。师生互动主要是课前十分钟进行,提问的内容集中于知识点回顾,与授课相关的课中知识点探讨相对较少,而这样的课堂提问一般能覆盖到的学生人数很少,加上学生本身性格因素的影响,有些学生一个学期下来可能从来没有发过言。课后教师和学生的互动也很少,教师主动与学生沟通的一般表现为发布通知、发布作业,采用的途径一般为电话、微信、QQ 等手段。而师生针对专业领域的某热点问题进行探讨的极其少见。课堂上师生互动不多,课堂气氛过于沉闷,不利于激发学生学习的积极性,学生学习的主动性不强,教学的效果也不能令人满意。

四、在帮助学生建立健全人格方面做得还不够

通过对部分高校的调查研究,发现有部分大学毕业生人格不够健全,主要表现在三个方面。一是社会责任意识薄弱,自我价值感缺失。有些大学生对于社会责任没有正确的理解,在个人与社会关系上,往往以个人利益为前提,过于考虑个人需要的满足,而不考虑社会需求和公共利益,因此经常出现一些奇怪的想象,如损坏公物、只讲索取不讲奉献、急功近利等。二是心理承受能力较差,自我调节能力缺失。当代学生从小在父母的溺爱下长大,来到学校学习以后,一系列对环境不适应的情况频频出现。例如独来独往,不能与室友和睦相处,脱离班级群体,人际关系不和谐,遇到矛盾不会面对等。遇到此类情况的学生往往难以从自身找到原因,多数都将问题归于他人对他的不包容,因此一旦受到挫折或失败时,就置之不理,或者选择逃避。三是自卑与自负现象增多,自我规划能力缺失。有些学生学习没有热情,对自己将来没有很好的规划,甚至有些学生不想读书。自卑和自负心理对学生心理的健康发展影响较大,直接影响到学生对前途没有信心,在学习生活中比较茫然。学生存在这些问题,教师是知道的,但无能为力,造成

培养出来的大学生人格不够健全。

五、学校在为人处世方面的教育做得还不够

在学校教学中，专门为学生设立为人处世方面的教学并不多见，即使有些课程涉及相关内容，但讲得比较肤浅，学习活动安排不多，对学生的良知（天性）教育不够，效果不佳。良知作为道德教育的基石，提供了道德教育的可能性。教育就是要扩充、澄明人的良知，引导个体的人生步步向善。当下以功利为导向、以规训为中心的教育方式，使个体失去了自身存在的相对独立性，造成了道德良知的缺失，自然达不到好的道德效果，从而造成道德教育与时代发展不相适应。要走出这一困境，就必须关注个体的生命成长，引导学生建构自己的良知，让学生在学校学习生活中不断增强道德意识。此外，还有其他为人处世的道理与原则也要对学生进行教育与引导，如：学会如何与人相处、学会理解、学会感恩、学会恪守诚信、学会大事化小事、学会少抱怨、学会心胸宽广等。学生掌握了这些处世之道，他们的整体素质会明显提高，对日后的工作与生活将产生积极的影响。

六、在爱的教育方面做得还不够

受传统教学思想的影响，教师上课不讲究教法，与学生互动少，学生总是被动地接受知识，久而久之，对教师会产生厌恶心理，师生之间产生隔阂，缺少爱的滋润。冰心曾经说过这样一句话："爱是教育的基础，是老师教育的源泉，有了爱便有了一切。"这就告诉我们，在学校教学中要高度重视爱的教育，要明白"爱"是没有限制的，小到同学之间的友好交谈，老师对学生的鼓励，父母对孩子无微不至的关爱，甚至萍水相逢的人们的一个微笑……大到献血，献骨髓，参与希望工程……学校在制订人才培养方案时，往往没有考虑把爱的教育内容写入其中，缺乏爱的正面教育与引导，许多学生处于自由成长的状态，他们在爱国、爱校、爱父母、爱工作和爱人民方面，立场不够坚定，意识不够坚强。

七、课堂教学忽略了思辨能力的培养

当前部分高校的教学仍然以教师、教材为中心，教师控制课堂教学组织，学生坐在讲台下听教师讲授，教师单方面按照授课计划去完成教学任务，这种教学方式，师生互动很少，课堂气氛沉闷，学生容易打瞌睡，甚至有些学生一直在看手机、玩游戏，学习效率不高，到了期末，为应付考试，学生才去整理一些知识点，在短时间内采取死记硬背的办法，考试后很快就忘掉。这种教学的效果可想而知，学生在校学习多年，学了多门课程，到头来所学的知识几乎荡然无存，造成培养出来的学生综合素质不高，尤其是思辨能力不强，不能满足社会发展对人才培养的需要。因此，改变传统的教学方法迫在眉睫，高校应通过各种途径让教师认识到教学上存在的不足，鼓励教师主动学习先进教育理念，大胆进行课堂教学改革与创新，在课堂教学中注重培养学生的思维与辨别能力，为国家培养更多的思想敏锐的优秀人才。

第二节　解决问题的途径与方法

一、转变教学理念，建立平等、合作的师生关系

由于受到传统教育的影响，长期以来，高校形成了教师在课堂教学中的权威地位，学生只能被动地接受知识，无法发挥主动性，教学效果不佳。因此，我们倡导在课堂教学中发挥教师主导作用的同时，必须尊重学生的主体地位，让学生主动参与课堂的学习，充分发挥他们的聪明才智，教师要树立"以学为本，为学服务"的教学新理念，认识到教师的教是为学生的学服务，不能忽视学生的主体地位。教师要把引导学生参与的主体性作为课堂教学的主旋律。在课堂教学过程中，应采取小组学习的方式，实行组长负责制，让学生真正参与到教学管理当中，教师要打破"满堂灌"、学生被动听的旧格局，要注意创设有利于学生主动参与的教学情境，给学生更多的阅读、思考、交流、操作的时间和机会，使学生感受到

他不再是一个被动的服从者，而成为自己学习和发展的"主人"和"主角"，创造轻松快乐的课堂气氛，充分调动学生学习的主动性，挖掘学生个人的潜能，展现学生个人的聪明才智，培养更多具有担当己任的时代新人。

二、高校课堂教学应随时代的发展而转型

从古至今，教学组织形式经历了三个阶段：个别化教育、班级授课制和改造班级授课制。最早的教学组织形式主要是教师对个别学生进行教学。随着社会的发展和生产规模扩大，对受教育者的数量和质量提出了新的要求，增加自然科学教学内容、改进教学组织形式、开展更大规模的班级教学形式成为必然。17 世纪夸美纽斯提出了班级授课形式，课堂教学自然成为教学的主要方法和手段。赫尔巴特通过班级授课制将传统教育理论和实践推至极致。从 19 世纪至今，对于班级授课的改造和完善始终未停止，如贝尔兰卡斯特制、道尔顿制及小队教学和开放课堂等。这些教学组织形式的改革是针对班级课堂教学的缺点而进行的，其目的是为适应社会和经济的发展。班级授课和传统课堂作为当时的主流教学形式和方法，各种样式类似于现代教学的启发式、情境式，以学生为主体的教学理念和方法并不罕见。例如杜威的"问题情境法"强调通过引导学生的个人探索培养其创造能力。在创新驱动发展的新时代，培养创新人才成为国家发展战略成功实施的关键。教学方法、教学要素的改革，特别是现代课堂教学的创新和高效发展尤为重要，应随着社会的发展而转型。有些知识不需要教师在课堂上过度讲解，有时错过听课后可以上云平台补课，因此，线上线下混合式教学应运而生，学生可以跨越地域和时空参与学习，课堂教学形式发生了一定的变化，我们的教学方法也应该随之而变化。

三、激发学生兴趣，打造快乐和谐课堂

爱因斯坦曾说过："兴趣是最好的老师。"让学生在快乐的教学情境下，富有兴趣地学习，往往会取得事半功倍的成效。现在教育者所提倡的"快乐教育"正是以兴趣教学理论为基础的教学理念，通过以学生的兴趣为出发点，以情感教学

为切入点，以创设情境为途径，从而激发学生的学习积极性，让学生主动学习，在教学中充分展示自己，发挥学生主体地位。教师要把快乐教学的理念应用到实际中去，可通过以下几个方面来打造快乐课堂。首先，创设情景激发学生兴趣。教师可以在教学的过程中设置一些教学情景，如播放生动有趣的视频、编演趣味小品、开展课堂辩论等活动，把学生带入富有创造性和趣味性的学习中，不仅促使学生在快乐中寻找解决问题的方法，同时也给学生展示自我的机会。其次，利用有趣的教材启发学生。教材是教师教学的重要参考依据，里面有很多内容是可供学生学习和参考的。教材的形式可以改成活页式，配上彩色插图或者有趣的漫画，以此来激发学生的学习兴趣，培养学生的创新思维。通常教材最后面会有一些"思考题"，教师可以利用这些发散思维的练习题，要求学生以小组学习的方式进行合作探究，发挥学生的聪明才智，共同寻找最好的答案，对于一些难以解决的问题，可以放到全班讨论，请少数学生上台去分享答案，以此调动学生的学习积极性，使整个班集体呈现出团结、快乐的学习氛围。

四、加强正面引导，不断提高学习能力

在课堂教学过程中，教师应该创设学习情境，让学生主动学习，不断提高学生的学习能力，而不是一味地灌输。首先，在互联网时代，学生有能力借助网络技术自学书本上的知识，教师应鼓励学生养成良好的自学习惯，没有必要在上课的过程中依照课本念一遍，应通过各种方式与手段，激发学生自学的积极性。例如，针对某些章节巧设一些问题，让学生通过自主学习、查找相关资料、最后获取答案，或者激励学生自己去发现问题、提出问题和解决问题，引导学生课后自觉完成学习任务，这实际上也是一个培养学生学习能力的过程。其次，课堂上，教师只需要指出相关知识的重点，明确学习的任务与要求，学生就不会盲目学习，而是沿着学习的目标继续努力前行。这样，对书本知识讲授的时间会大大缩减，也会减轻教师的教学负担。另外，课堂教学中应该留给学生足够的时间进行讨论和交流，以营造一种宽松、自由、活跃的课堂气氛。教师要有效组织、促进学生对知识的学习与交流，为专业知识学习提供良好的基础。只有积极为学生的自主

学习创造良好条件，引导学生主动去学习，才能激发学生的学习潜能，培养学生具有自主学习的能力。

五、要有针对性地帮助学生构建健全的人格

健全人格是指一个人的生理、心理、社会、道德和审美各要素的统一、平衡、协调，它具体体现为有正确的自我价值观念、良好的心理承受能力以及良好的自我调节能力。有人说过：人字的一撇是才能，一捺是人格，出色的才能加上健全的人格，便支撑起顶天立地的"人"。作为高校大学生，要在社会上有所发展，不仅需要掌握熟练的专业技能，更要具备健全的人格，树立正确的价值观，培养高尚的道德情操。作为大学教师，要正确引导学生做到以下事项。一是认识自我，优化人格整合。有些学生对自己认识不足，总是认为自己什么都会，不听别人的意见，高估自己的能力，这样做事会遇到很多问题，教师要正确引导这类学生，学会低调一些，做事要"三思而后行"，不断在生活中磨炼自己，提高自己的综合素质。二是努力学习科学文化知识。引导学生博览群书，从中吸取智慧与力量，提高个人的人格魅力。三是面向社会，积极参加实践活动。引导学生积极参加社会活动，到社区、农村和厂矿去体验生活，提高个人的生活能力。四是从小事做起，培养良好习惯。让学生明白，凡事要从身边的小事做起，只有把小事做好了，大事才能做好。五是建立良好的人际关系，积极参加集体活动。要让学生认识人际关系的重要性，善于在学习生活中学会与人相处，建立良好的人际关系，积极融入班集体，参加班里开展的各项活动。六是树立积极向上的世界观、价值观、人生观。加强爱国主义教育，引导学生爱人民、爱劳动，树立正确的人生观和价值观。七是锻炼身体，强健体魄。要让学生认识身体是革命的本钱，引导学生积极锻炼身体，全面提高个人的身体素质。

六、注重德育教育，促进学生全面发展

德育教育是对学生进行思想、政治、道德、法律和心理健康的教育，它是学校教育工作的重要组成部分，与智育、体育、美育、劳育等相互联系，彼此渗透，

密切协调，对学生健康成长成才具有十分重要的作用。意大利诗人但丁有一句名言："一个知识不健全的人可以用道德去弥补，而一个道德不健全的人却难以用知识去弥补。"中国历史上也强调成为君子，"德胜才谓之君子，才胜德谓之小人"。新时代的高校教育内容要丰富，不仅包括对学生科学文化知识的教育，同时还要包含对每一名学生的思想道德教育。每一位学生都有自己独一无二的潜质，作为教师，要把视角面向全体学生，用积极乐观的眼光和态度来关注和预见学生的天性，真诚地对待每一个学生，尊重和发展学生的多样化个性，使他们能在学校里快乐学习、健康成长、成功成才。当今社会科学技术快速发展，高校教师肩负着为国家培养更多的优秀人才，尤其需要培养全面发展的创新型人才，这不仅要具有广博的科学文化知识、聪明的才智，更重要的是具有良好的思想道德品质，正确的世界观、人生观和价值观。因此，在课堂教学实践中，高校教师既要注重知识、技能和能力的培养，又要加强思想品德方面的教育，要采取一些有效的措施引导教职员工参与到育人的工作中，发挥大家的智慧共同促进学生的全面发展。在教育的过程中，教师要注意挖掘育人元素，利用好各项红色资源，灵活安排课堂与课外活动，真正发挥新形势下课程的德育功能，培养学生成为德智体美劳的社会主义建设者和可靠的接班人。

七、加强爱的教育，培养学生具有仁爱之心

爱的教育是教师以促使学生身心发展为目的，以学情和先进的教育理念为依据，而采用的渗透教师爱心的各种有效教育的一种方式。著名教育家陶行知把"爱满天下，乐育英才"作为自己的崇高理想，告诫教师要"爱生如子"。苏霍姆林斯基说过："教育技巧的全部奥秘就在于热爱每一个学生。"只有把爱当作教育的生命，用心灵耕耘心灵，用情感播种情感，用人格塑造人格，才能引发心灵、情感的共鸣。教师在教学过程中可以通过两个方面去感化学生。一是利用爱的微笑去感染学生。在对学生管理过程中教师保持微笑，可以为班级营造一种轻松的氛围，使教师在学生心中是一种和蔼、可亲、良师益友的形象，也让自卑的同学会因为老师的微笑、和蔼变得自信起来。爱的微笑对于学生兴趣的提高、学习主动性、

增长知识都有利。二是利用爱的语言去感染学生。《增广贤文》中提到："良言一句三冬暖，恶语伤人六月寒。"由此可见，不一样的语言，给对话者的感觉很不一样。教师在和学生的交流过程中，语言交流是使用频率高的一种交流方式，要注意在平等、互信的前提下与学生进行沟通和鼓励性交流。教师要提高人格魅力，在语言方面进行自我训练，对于语言表达的轻重急缓进行一定的把握调控。因为语言的语调直接体现了教师本人的情感色彩，善于运用激励的和积极向上的语言去传递自己的感情，对于学生情操的陶冶和文化知识的培养有很好的帮助。

不少学生因为是独生子女，从小以自我为中心，大多数缺乏合作、团结友爱的精神，难以形成与人友爱、团结、互助的优良品质，所以，作为教师应有义务有责任积极教育引导学生，从内心深处学会爱国、爱家、爱师长、爱自己、爱学习、爱学校、爱运动、爱劳动和爱民族，使每一位学生拥有一颗向善、宽广的大爱之心，

实施爱的教育，就是在教师爱心指引下发掘金子的教育。教师在教书育人的过程中，应以身作则，严于律己，加强教师职业道德修养，用一双敏锐的眼睛积极主动发现每一个学生身上的闪光点和问题，积极鼓励，正确引导，促进学生身心健康均衡发展。

八、教育要真正唤醒学生内心的觉醒

德国教育学家斯普朗格曾说："教育的核心是人格心灵的唤醒。"我国古代教育家孔子强调教育要注重人的本性，启发自觉之心，达到内在的觉醒和完善。由此可见，教育的本质不是传授已有的东西，而是要把人的创造力量诱导出来，唤醒生命感、价值感，是对人的良知、责任、生命、潜能的引导，是对学生人格心灵的发现与重塑。将唤醒教育这一理念引入学校教育，有利于引导学校思考如何激励学生发展，如何激发学生持续发展的动力。

斯普朗格认为，教育的目的不在于传授或接纳某种外在的、具体的知识、技能，而是要从人的生命深处唤起他沉睡的自我意识、生命意识，促使其价值观、生命感、创造力的觉醒，以实现自我生命意义的自由自觉的建构。也就是说，教

育的过程不仅是要从外部解放成长者,而且要唤醒成长者的人格和心灵,解放成长者的内部创造力。马克思说:"教育绝非单纯的文化传递,教育之为教育,正是在于它是一种人格心灵的唤醒。"因此说教育的核心就是唤醒。唤醒教育可通过学校的环境文化、教育活动、课堂教学、社会实践、综合评价等途径,采取多种方式全面唤醒学生的生命感、价值感,激活学生内生发展动力,让其主动、自觉地从内心深处生发一种想学习、愿发展、永追求的精神。

为了解学生学习的动机,作者深入学生开展调研,发现很多学生在校学习期间缺乏自我内在发展动力,主要原因是学习比较迷茫,对今后的发展方向把握不准,缺少清晰的人生规划,尤其是高职院校的学生更加茫然,本科学生有些明确了考研的目标,学习动力比较强,而有些就业不明确,学习动力也不足。因此,教育必须要改变方式,要从学生的实际需求出发制订培养计划,从学生内心开始引导与启发。只有唤醒学生的一片柔情,融化自我心理防范的坚硬外壳,教育才能深入内心,唤醒学生的觉悟,让学生茅塞顿开、豁然开朗,有"听君一席言,胜读十年书"之感,使心灵得到滋养,唯有这样的教育才能产生深远的影响。

第四章　混合式课堂教学概述

随着互联网技术的不断发展，我们的生活方式、学习方式已然发生了翻天覆地的变化。随之而来，传统的课堂教学也受到了互联网技术、多媒体技术的挑战。近年来，在国内外很多高校中广泛应用了一种综合传统课堂和在线课堂优势的混合式课堂教学模式，如"互联网+教育"、智慧课堂、翻转课堂等。一些教学云平台、智慧 APP、智慧教学工具融入到课堂教学中，手机、移动 APP 进入课堂，使得教育教学不仅仅只停留在课堂中，而是完美地兼顾了课前、课中和课后。这对于促进教师的教学、学生的学习、教育的发展不失为一个有力的催化剂。互联网技术和多媒体技术在教育中的广泛应用，不仅让学习方式发生了重大变化，还对教育的思想观念、内容、方法产生深刻影响，教育信息化是教育发展的必然趋势。

第一节　混合式课堂教学的定义

混合式课堂教学最早出现在美国的企业培训中，在不断的探索与实践中，从最初的理论研究过渡到应用、推广等核心问题的研究。2002 年斯密斯·J 与艾勒特·马西埃将 E-Learning 的纯技术环境与传统的学习理念相结合，提出混合式学习（Blended Learning）这一概念。关于混合式课堂教学，到目前为止没有一个明确而权威的定义，可以说是仁者见仁、智者见智。

要了解混合式课堂教学的定义，可从国内外学者的研究中分析与概括。国外早在 20 世纪就已经对混合式教学开始研究，美国学者辛格和里德认为混合式学习是一种学习模式，他们用五个"适当的"阐述其概念，即在适当的时间里、应用适当的技术、结合适当的学习风格、面对适当的学习者、传递适当的能力，使得学习效果取得最优化的学习方式。印度 NIIT 公司在《混合式学习白皮书》中提出，混合式课堂教学是一种面对面、实时的网络学习和自定步调的教学方式。詹妮弗·霍夫曼在《混合式学习案例研究》中描述混合式学习是由一种全新思想作为支撑，指导教学者的教学过程，对每一个教学阶段都进行优化教学，最终实现学习者对学习内容的整体掌握。2003 年，在第七届全球华人计算机教育应用大会上，北京师范大学何克抗教授首次在我国正式提出"混合式学习（Blended Learning）"的概念。随之就有多位学者对混合式学习内涵进行了研究，如黎加厚教授和李克东教授。何克抗教授认为，混合式学习就是将传统的面对面教学和数字化学习的优势结合起来，充分发挥教师在教学活动中的引导、启发、监控的主导作用，同时体现学生在学习中的主动性、积极性和创造性。黎加厚教授认为，"混合式学习"就是"融合性学习"，是指教师和学生在教学过程中，对教学方法、教学模式、教学媒体、教学技术等这些元素进行优化选择的组合，从而达到教学目标和学习目标，将教学理念、教学技术、教学手段灵活地运用，达到一种艺术的境界。李克东教授认为，混合式学习可以看作是面对面的课堂学习和在线学习两种方式的有机整合，其核心思想是在教学上采用不同的媒体与信息传递进行学习，利用不同方式解决不同要求的问题，这样的方式使得付出的代价最小、获得的效益最大。混合式教学顾名思义就是混合式课堂教学，是指把传统课堂教学方式的优势和网络在线学习的优势结合起来，是多种教学理论、教学资源、教学方法和教学评价的混合，既发挥教师引导、启发、监控教学过程的主导作用，又充分体现学生作为学习过程主体的主动性、积极性与创造性的教学活动。它并不是在线学习和面对面指导的简单叠加，而是要实现个性化学习、参与性学习各要素之间的有机融合。

第二节　混合式课堂教学的特点

　　混合式课堂教学依托信息技术和多媒体技术的优势，使课堂教学效果最优化。教师可以按照教学任务进行个性化教学，从填鸭式的课堂教学中解脱出来，让教师成为课堂教学中的设计者、组织者和引导者。学生可自主调节学习的节奏，享受优质的学习体验，达成预期的学习目标。了解混合式课堂教学的特点，有利于教师更好地利用线上线下资源组织教学活动，使教学效果最大化。混合式课堂教学的特点主要有四点：智能化、灵活化、个性化和便利化。

一、智能化

在教学中，利用教室智慧设备和互联网技术可以使课堂教学更加智能化。通过智能教学管理云平台将多媒体与网络教室结合在一起，能实现实时捕捉学生的学习状态，如学习注意力、认知情况、情绪波动，及时获取丰富资源等，对课堂有一个整体管理的空间。同时线上线下混合式教学也使得学生更好地参与学习，增强体验感受，在这一过程中产生的各项数据可以使学生学习更加精准智能，学生可以根据云平台形成的学习报告及时调节自己的学习进度从而获得最优化的学习效果。

二、灵活化

首先，混合式课堂教学为学生提供了更多学习方法，学生可以自由分配时间，学习非常灵活，学生可在自由时间里根据自身意愿在线上选择学习方式而不是一成不变，也可以与同学、老师在线讨论与交流，及时更改自己的学习行为。其次混合式课堂教学让学生学习思维更加灵活，在线学习不等于只使用网络平台，而是最大化地利用现有的学习手段将多方面的知识融会贯通，不再单一地思考问题，达到活学活用的目的。

三、个性化

利用智慧课堂技术，通过教学管理云平台可以采集、分析学生的数据，从学生学习的参与度、行为表现等方面入手，通过多样化的分析手段探究学生的学习情况，预判学生未来的学习成效，并及时反馈给学生。同时在网络学习空间中可以为学生量身打造个性化的学习路径，引导并帮助学生利用创造性的方法来解决学习中遇到的困难，让学生个性得到更好的发展。在混合式学习中教师可根据学生自身特点和平台学习建议对学生进行分层次教学，通过不同的技术手段帮助学生找到适应自己认知风格、学习习惯等，从而提高自己的认知能力。

四、便利化

长期以来，纸质的课本在课堂教学中发挥着举足轻重的作用，其具有阅读感强、易携带等优点，但随着学生的学习需求不断提高，渴望随时获取更多的信息，电子资料的重要性日益凸显。混合式课堂教学的资源特别丰富，线上的教学方式可以为学生提供大量的优质的电子教学资料，这些材料通常经过了教师的精心编辑，与学生的理解能力相符合；线下的教学方式为学生提供了丰富的纸质教学资料，为学生的学习提供了很大的便利。

第三节　混合式课堂教学过程

混合式课堂教学过程主要分为四个阶段：准备阶段、课堂学习、课后实践和教学评价。

一、准备阶段

首先任课教师要对学生的基本情况、课程教学的基本特征进行分析，明确各阶段教学目标和任务，制作和挑选丰富的教学资源，包括图文资源、音视频资源和多类型的测试题等，而且线上的教学资源要能够吸引学生的学习兴趣，能对他们有所启发，并能够为课堂讨论做好准备，确定线上和线下的教学组织、各阶段教学内容和设计考核方式。通过教学管理云平台向学生发布教学任务单，学生利用在线虚拟教室，观看教师推送的视频资源、学习相关理论知识、完成自测题，并主动地参与到在线互动讨论与交流，向老师反馈学习中遇到的问题，初步完成对课堂学习的对接。同时，教师在整个过程中，需要实时地关注学生课前学习的动态，对学生课前弄不清楚的问题，在讨论区中及时地答疑。本阶段主要让学生自主学习课程的理论知识，了解基本概念，从而完成对课堂学习知识点的初步认识。

二、课堂学习

教师首先构建完整的学习场景，呈现学习任务或是讨论主题，学生通过小组合作的形式，自主确定相关主题，完成学习任务。教师在课堂学习过程中，仔细观察各个小组合作讨论的情况，聆听并记录小组问题讨论遇到的学习难点，对普遍存在的问题，采取集中讲解的方式，而对个别小组存在的问题，则采取个别指导的方式。其次，各小组把讨论的结果上传到教学云平台，通过展示与分享，加深学生对学习内容的理解，对于学习的重点难点可以进行组内、组间的面对面交流，也可以在教学管理云平台上提交疑问，进行在线交流。在整个学习过程中，通过例题讲解、习题推送，强调重难点知识。通过抢答、表扬与点赞，激发学生的学习兴趣，增加课堂的互动效果。通过案例探析、小组合作，培养学生分析的能力和团队协作的能力。

三、课后实践

首先教师通过教学管理云平台向学生发布课后实践任务单以及课后学习资源，其次学生根据教师发布的学习资源，小组合作，完成课后的实践任务，最后提交实践结果，同时还需要完成教师在线推送测试卷。推送测试卷的目的主要是检测学生阶段性学习课程的效果，根据测试结果分析学生学习效率是否得到提高，课后实践阶段主要培养学生的知识应用能力和动手实践能力。

四、教学评价

每次教学活动结束后都要进行教学评价，它是教学中必不可少的部分，它是在教学目标的基础上，根据相应的标准，通过有效的技术手段，对整个教学过程、教学结果进行衡量，并给予公正的评价。教学评价可以了解学生掌握课程的情况，可以检验教学效果、诊断教学问题、提供反馈信息、调控教学进程、引导教学方向等，从整体上反映教学的进展情况。传统的教学评价注重总结性评价，通常以期末考试成绩的定量评价为主，这种单一的评价忽视了学生在学习过程中的进步。混合式课堂教学注重的是多种教学评价相结合，定性定量地对教学进行全面的评价。

第四节　混合式课堂教学的优越性

传统的教学模式下，不管是基础知识，还是重难点知识都是在课堂上讲授，这样留给学生互动的时间就很少。混合式课堂教学是一种线上与线下相结合的教学模式，它可以很好地解决传统教学很少涉及的课前、课后环节。混合式课堂教学借助教学云平台，将课程分为课前、课中、课后三个学习阶段，每个阶段都给予一个新的体验。课前，教师编辑自主学习课件、制作教学视频、挑选学习资源和测试题，通过云平台发送给学生，学生进行课前自主学习和自我测试。课堂上，教师可以实时跟踪和查阅学生的学习数据，准确了解他们对知识点掌握的情况，使课堂教学变得更有针对性，把更多的时间留给学生，进行交流互动，实现了课堂教学从教师为主体向学生为主体的转变，提高了课堂教学效率。课后，一方面，将测试卷发送给学生，检测学生学习掌握情况；另一方面，教师可以将课程主要内容、实验演示、慕课视频等上传到教学云平台，便于学生在课后实践与知识巩固中，遇到难以理解的问题时，进行重复观看。实践表明，混合式课堂教学能为学习效果的优化提供有力支持，在以下三个方面有明显的改善。一是教学内容的扩充。传统教学模式将基础教学内容作为教学重点，占用了大量的课堂教学时间。混合式课堂教学利用教学云平台将该部分内容作为课前学习任务，下发相关学习资源、测试题、练习题等，课后在线完成，既方便教师个别指导，也节约了课堂时间。二是师生互动增加，学生出勤率提高。通过线上线下混合式课堂教学改革，激发了学生学习兴趣，加强了师生间的沟通，答疑贯穿课前、课中和课后，教师可以全面掌握学生答题情况，以达到及时调整教学内容和教学策略、提高教学质量的目的。多样化的教学手段激发学生学习兴趣，使学生学习效率大幅度提高，实现了被动学习转化为主动学习。三是学生综合能力得到了提升。讨论、小组合作、案例分析等教学手段的运用，培养了学生的职业素质、团队合作精神。在学习时，采用分组学习的方式，组长分配任务，组员互相配合完成学习任务，这种方式提升了学生的多种能力。总之，运用混合式课堂教学在很大程度上弥补传统课堂教学中的不足，对提高教学质量有显著的成效。

第五章　微动教学法概述

第一节　微动教学法产生的历史背景

进入 21 世纪以来，我国经济得到快速发展，国家综合实力的不断提高推动了高校各项事业的快速发展，高校办学条件得到了较大的改善，教学设施先进，教学资源丰富，学校的综合办学能力得到进一步增强。但与之同时，不少高校仍存在一些亟待解决的问题，如教学质量的问题影响了学校内涵建设的提高，培养出来的学生综合素质不高，能力偏低，拔尖的人才较少，不能满足国家日益发展对人才的需要。

为进一步了解高校教学方面存在的现实问题，作者走访了国内部分高校，开展了长达近 5 年的调查与研究，结果发现不少高校的教师仍沿用传统的教学模式，上课不讲究教法，随意性比较大，都是按照个人想当然地讲课，只满足自己完成教学任务，不关心学生的学习效果。造成这种局面的主要原因是高校对课堂教学重视不够，对教改投入的经费不足，仅依靠任课教师自主研究教学教法是远远不够的。为探索高校教育教学质量提升的有效途径与方法，作者对国内外先进教学理念与教学方法进行了研究，收集了大量资料，通过对比、研究与实践，找到了高校教学方面普遍存在的问题，并针对这些问题寻找解决的途径与办法，经过长时间的研究与实践，推出了适应于高校部分专业教学的教学法——微动教学法。

第二节　微动教学法的定义

微动教学法是以建构主义学习理论和掌握学习理论为指导，以全人教育与思维教育为目标，将教学过程划分为感知、设计、实施与述评四个阶段，各阶段明确培养学生所具备的能力，融合多种教学理论、教学资源、教学方法和教学评价，使师生在课前、课中和课后稍微互动，以达到更好的教学效果。

微动教学法将传统课堂教学方式的优势和网络在线学习的优势结合起来，是混合式教学模式的一种，它在传统教学的基础上发展而来，吸收了传统教学的优点，同时借鉴国际先进教育理念与教学方法，聚焦发展学生的个性，注重培养学生多种能力，尤其是思辨能力的培养，有利于提高学生的综合素质。

第三节　微动教学法的特点

一、传统教学理念和先进教学理念相融合

所谓教学理念，是指人们对教学和学习活动内在规律的认识的集中体现，同时也是人们对教学活动的看法和持有的基本的态度和观念。

长期以来，由于受到传统的教学思想影响，许多教师认为学生理解和记住知识是教学的最终目的，因此，在教学的过程中教师负责讲、教现成的知识，学生负责听、记的现象十分普遍，这种以教师为中心的教学模式必然使学生学到的课程知识处于孤立、割裂的状态，难以融会贯通。同时，受传统教学思想的影响，在实际教学中，教师忽视了对学生获取文献资料、分析数据、逻辑推理等能力的训练，学生的作业、考试全靠背诵、记忆，学生缺乏以书面表达来展示思想的机会和能力。这种教学理念培养出来的学生，很多思想僵化，没有主见，人云亦云，生存能力不强，没有创新精神，缺乏领导能力与思辨能力，不受企业信赖。

微动教学法是针对传统教学存在的一些问题而提出的，它在传统教学的基础上融入了线上线下教学理念，是多种教学方法和教学资源的混合，它强调把课堂三分之二的时间还给学生，就像把土地还给农民一样，激发个人主观能动性，改变以我为中心的教学思想，树立以学生为中心的教学理念，确立学生的

主体地位和教师的主导地位，坚持"一切为了学生"的发展思想，要以人为本，尊重学生，理解学生，注重教学的全过程和全方位，培养学生的自尊、自信、自爱与自立，提升学生的精神文化品质和生存发展的能力，同时，要注重学生的全面发展，关注学生发展的完整性和全面性，不断提高学生的思想道德素质和文化素质。

二、以小组合作的方式组织教学

在传统的教学中，通常把 50 个左右的学生分成一个自然班，采取班级授课制进行教学，每个班班长协助管理。在这种班级授课制中教师是整个课堂的管理者，教师通常按照自己的想法去上课，主要是根据课件的安排来讲课，整个班的学生坐在教室里听教师讲，有些教师上一节休息 10 分钟，有些教师上两节课才休息一次，这就是通常所说的"一讲到底"，这种教学组织方式在恢复高考后 40 年里在许多高校中普遍存在，这是受到教学条件的限制所致的，当然也受到教学观念和教学方法的影响。

这种班级授课制的优点：一是有利于扩大教育教学规模，教师按一定的课表有计划地同时对几十名甚至上百名学生进行教学，可以经济有效地培养人才，教学效率高；二是学生在教师有目的、有组织、有计划的指导下进行学习活动，有利于发挥教师的主导作用，有利于教学的组织、管理和教学过程的调控，对教学环境建设要求比较低。班级授课制存在的不足：一是教师将全体学生作为一个整体来对待，模糊了学生之间的个性差异，不能兼顾学生的多种需要，不利于因材施教；二是教学场所主要局限在教室，经常采用的教学方法是教师对学生的单向传授，容易产生"满堂灌"现象，这种方式非常封闭，不利于学生生动、活泼、主动地学习。

微动教学法主张教师采用分组教学的方式来组织教学，如一个班可以分成 5～8 个小组进行学习，每组 6 人左右，配有组长和副组长，组长负责传达教师的指令，指导和监督本组同学学习，并负责向老师汇报每个同学的学习情况。副组长负责协助与支持组长开展工作，具体负责本组的纪律管理，记录每个同学的学习情况。任课教师负责管理组长，真正实现把课堂管理的部分控制权还给学生，让学生发挥了主体的作用，这种分级管理的方式有利于激发学生学习的积极性，培养学生的协调能力和领导能力。

三、通过线上线下组织教学活动

传统的教学手段是教师在教学的过程中通过板书的形式来进行讲解，通常是边写边讲，用一句话或一个动作来解释课本的知识，有些通过提问来引发学生的思考，有些通过做游戏来帮助理解知识，教学手段相对原始、单调，学生对这种授课方法不感兴趣。

随着计算机技术的发展，现代教育技术得到了快速的普及，教师可使用的教学媒体呈现了多样化，有些教师利用了投影设备，通过制作 PPT 课件来上课，教学资源丰富了许多，教学手段有了较大的提高，但是，由于大多数教师受传统教育思想的影响，在教学的过程中仍然是照着 PPT 课件念读，一讲到底，这种"满堂灌"的现象比较普遍。

微动教学法主张通过线上线下组织教学活动，充分发挥现代教育技术的作用，利用教学管理云平台来组织课堂教学，通过教室智能设备开展课堂活动，学生的预习、做题与汇报都与教学管理云平台密不可分，教师通过云平台发布学习信息与教学要求，引导学生提前观看教学视频、预习教学参考材料，在教学过程中，通过云平台管控学习过程，如针对一些问题进行讨论，邀请优秀的学生演示学习成果等，同时，利用云平台记录学生的学习轨迹，如预习、讨论、抢答、做题、考勤等情况，学生时时都可以看到自己获得的积分，整个课堂学习氛围比较活跃，学生学习的主动性比较高，学习效果比较好。

四、把教学过程分成四个阶段

传统的教学过程是以教师为中心，教师首先要求学生复习上一次课的内容，然后导入新课，开始讲解课本上的内容，通常按照教材内容顺序逐一讲授，在讲解的过程中，结合教师个人的体会与经历举例说明，上课地点大多数在多媒体教室，有些在实验室，绝大多数教师按照事先制作好的 PPT 来讲解，有些教师在讲解的过程中，时常与学生互动，而有些教师跟着 PPT 念，学生听了 10 分钟之后就开始分散注意力，有些玩手机，有些打瞌睡，学生听课效果不好，教师看到学生的这种听课状态，讲课的情绪会受到影响，但为了完成教学任务也勉强讲下去。

微动教学法的教学过程是以教师为主导，同时体现学生的主体地位，教学顺序由教师掌控，其教学基本过程是经过感知、设计、实施与述评四个阶段，首先教师通过云平台发布学习通知，上传学习课件与学习资源，要求学生提前感知教学内容，学生在规定时间内预习，否则将得不到预习分数，上课分小组进行学习，教师把教学任务分发到各个小组，由组长组织小组学习，教师在一节课中只集中讲解大约 15 分钟，让出大部分时间给学生学习，学生自行组织对学习任务进行讨论分析，大家形成解决问题的共识，然后各自进行方案设计，各自组织实施，遇到问题先组内讨论解决，如解决不了，可请求其他组帮忙，或者把问题记下最后由教师集中讲解。

上课即将结束时，各小组推荐一名同学负责汇报本组学习情况，讲述学习遇到的问题以及如何解决这些问题，并对每个小组成员进行评价，以便教师记录平时学习成绩，这样，期末的时候才能给予学生公正的评价。通过四个阶段线上线下组织课堂教学，课堂不再是沉闷，学生玩手机的现象少了，取而代之的是学生互相讨论、共同解决问题的场面，整个课堂微动了起来，有效调动了学生学习的积极性，同时，各阶段教学任务明确，培养学生的能力清晰，教学针对性很强，教学目标比较容易达到。

五、教学评价公正、合理、科学

在传统教学中，对学生平时成绩的评价通常在课程结束后进行，教师根据课堂上学生的回答问题情况、上课出勤情况和课堂纪律等进行综合评定，也有些教师凭个人对学生平时的表现情况进行评价，这些评价大多数是主观判断为主，没有客观真实反映学生对课程学习的情况。在期末考试中，许多学生临时突击复习，通过死记硬背课本或者笔记应付期末考试，所得到的成绩不一定真实反映个人的水平。

微动教学法采用小组学习方式，实行组长负责制，一个小组由5～6人组成，在上课的过程中经常在一起学习、讨论和解决各种问题，组长比较了解组内的学生，因此，对学生平时成绩的评价由任课教师和组长负责。组长负责对组内同学进行评价，主要看每位学生在上课时的表现，如讨论的过程中发言比较主动、提出的建议被采纳比较多、解决问题的能力比较强、平时主动去帮助其他同学和回答问题的情况等，教师对学生的学习评价主要根据云平台的记分情况，如学生提前预习得分、考勤得分、平时回答问题得分和测试得分以及汇报学习结果得分等综合评价，此外，在期末出题考试中，主要侧重于考核学生的逻辑思维与创新能力，不考死记硬背的知识点，通过这几方面进行评价能真实反映学生课堂学习的情况，评价公正、合理、科学。

第四节　微动教学法解决的关键问题

微动教学法是针对传统教学存在的不足，找出解决的思路与办法，目的是通过课堂教学改革，让教学能够激发学生学习的积极性，使每个学生的个性得到良好的发展，做到因材施教，使高校培养出来的毕业生素质更高，更受企业欢迎，主要解决的关键问题有以下几点。

一是解决课堂教学仍以教师为中心，忽视学生个性发展，未能做到因材施教的问题。长期以来，教师在教学中注重的是"教"而不是"学"，学生的主体地位没有得到应有重视，不少教师自认为，自己岗位就是管理学生的一个职业，学生对教师基本上是唯命是从。在这种气氛里，学生思维的火花被压制了，想象的翅膀被折断了，创新意识没有了，特长得不到发挥，个性得不到张扬，根本不能做到因材施教。

二是解决课堂上教师照本宣科、学生被动接受、知识单向传递为主、交流互动严重不足、难以教学相长的问题。长期以来，许多教师忽视教学方法的研究，往往只用自己过去惯用的那一套教学方法来应付教学，因而"填鸭式""一讲到底"依然是教学方法的主旋律。在这种情况下，知识的传递是单向为主，学生是被动接受知识，缺乏学习的主动性、积极性和创新精神，学习兴趣降低，学习的潜能受到钳制，这种课堂教学导致师生互动少，难以做到教学相长。

三是解决教学评价仍存在靠死记硬背、一考定成绩、不能真实反映学生能力和水平的问题。当今，高校考核方式与手段依然比较陈旧，有些仍然沿用传统考试方法，一张试卷、一次考试定成绩，在出题方面，任课教师没有统一的标准，有些重理论考试，有些重实践测试，不管采用哪一种，学生大多都是靠死记硬背，学习的目的与方式显得急功近利，不能真实反映学生能力与水平，这种考试观念陈旧、落后，考核方式不科学，有很大的随意性和盲目性，背离了高校应用人才培养的目标，与现代教学观背道而驰。

针对这三方面的问题，作者深入教学一线开展了近十年的研究，课堂教学改革一直没有停步，在探索课堂教学改革的过程中吸收了传统教学的优点、融入了线上线下混合式教学方法、结合了高校的现实问题以及借鉴了国外一些先进的教育理念，经过总结与提炼，终于在 2016 年推出微动教学法，并在课堂教学中应用与完善，取得了良好的成效。

第五节　微动教学法实现五个转变

微动教学法基于"思维教育与全人发展教育"理念，在传统教学基础上，结合高校教学的特点，对传统教学理念、教学过程、教学组织、教学手段和教学评价进行改革与创新，建立小组合作式学习模式，把"知识传授式课堂"改造为"问题探究式课堂"，把教学过程分成感知、设计、实施与述评四阶段，建立多元的教学评价方式，通过线上线下对教学进行智能化管理，有效提高了人才培养质量。在教学中运用微动教学法，可以实现以下五个转变。微动教学法示意如图 5-1 所示。

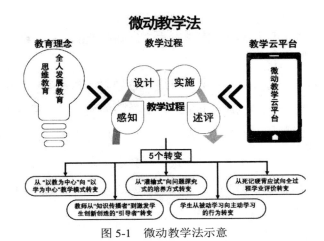

图 5-1　微动教学法示意

一、从"以教为中心"向"以学为中心"教学模式转变

"以学为中心"模式要求建立以学生为中心的教学理念,落实学生在课堂教学中的主体地位,引导学生进行自主性学习与自我管理,发挥学生学习的主动性,激发学生的学习兴趣。

微动教学法把学习班级分成 5～6 人一组,精心选拔组长,组建强弱搭配的学习小组,制定小组管理制度,实行组长负责制,组长督促组员合作学习,共同解决学习中的难题。在学习中学生根据学习的要求进行设计,并组织实施,这种方式充分调动学生的主体性,为学生预留更多的时间和空间,引导学生主动参与教学过程,同时,尊重学生的差异性,适应学生的不同基础和学习需求,为学生发展提供多元化的选择,满足个性化需求。"以学为中心"的教学模式如图 5-2 所示。

图 5-2　"以学为中心"的教学模式

二、教师从"知识传播者"向激发学生创新创造的"引导者"转变

微动教学法基于思维教育与全人发展教育理念，构建混合式课堂教学模式，创造性地把课堂教学过程分成四个阶段，让教师的角色转变成为课堂教学的组织者与引导者，改进课堂教学方法，开展参与式、启发式、讨论式和研究式教学，开展"从知识传授到能力培养"的各式课程教学，激发学生的学习主动性、积极性和主动探索精神，尤其对激发学生的创新创造力有一定的帮助，为优秀学生的脱颖而出搭建平台、创造条件。

三、从"灌输式"向问题探究式的培养方式转变

微动教学法注重学生课前做好充分的感知，对即将上课的内容进行预习，如看一些课件、微课、视频和资料等，对新课内容有一定的了解，同时，带着问题去预习、去探究，课中与同学进行讨论与交流，加深对新知识以及问题的理解，增强学生学习的信心，对于一些疑难问题，大家集思广益共同讨论与探究，找出解决问题的办法，教师在教学的过程中只充当学习的引导者。通过这些改革改变传统的教学方式，把"灌输式"课堂变为"问题探究式"课堂。

四、学生从被动学习向主动学习的行为转变

在传统教学中，教师坚持以"教"为中心的教学理念，围绕教材、课件和教案"满堂灌"，学生坐在讲台下静静地听，学习处于被动状态，学习的积极性不高。微动教学法把教学过程分成四个阶段，各个阶段学习任务明确，学生要提前感知学习材料才能较好地完成各项学习任务，同时，采用小组学习的方式进行教学，组长带领同学们一起去学习。课前主动预习，课中在教师的指导下，一起探究与解决问题，发挥每个人的聪明才智，课后对教师授课情况进行反馈，帮助教师提高教学水平，整个教学过程都发挥了学生学习的主动性。

五、从死记硬背应试向全过程学业评价转变

在传统教学中，教师对学生的学业评价比较单一。通常期末任课教师出一份试卷，让学生去答题，以此来评判学生的学习成绩，学生为了期末考试取得好成绩，平时做笔记、考前背笔记就可应付过关。微动教学法采用多元评价方式对学生进行公正的评价。首先对课前评价：通过云平台发布学习通知，学生带着问题去预习，平台将记录学生的预习情况，如阅读情况、讨论与交流、答题情况等。然后对课中评价：学生在设计和实施阶段，通过平台提交的设计方案、实施过程以及课堂回答问题的情况等都会被平台记录。最后对课后评价：课后要求学生对教师上课的情况进行反馈，提出一些改进的建议，同时完成一些课后练习，这两项平台都会记录。当一门课程学习结束后平台统一生成学生的学业评价结果。评价的过程如图 5-3 所示。

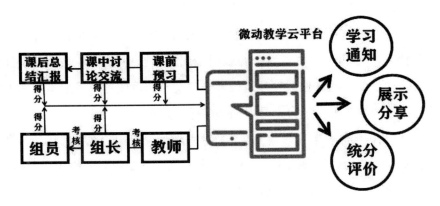

图 5-3　全过程学业评价

第六节　微动教学法的适用性

微动教学法是根据高校课堂教学的现状，在继承传统教学的优点基础上研创的教学方法，是混合式教学模式的一种类型，具有良好的实践性和应用价值。但作为一种教学理念与教学方法，要考虑它的适用性，因为任何一种创新成果都不

是万能的，都需要在理论上不断拓展和深化，在实践中加以修正和完善。微动教学法适用于高校部分专业的课堂教学，尤其是理工科专业和工程教育方面，其他专业可借鉴与参考。微动教学法主要应用有以下两方面。

（1）在理论教学方面的应用。微动教学法把教学过程分成感知、设计、实施和述评四个阶段，每个阶段虽然有具体的要求，但也可根据教学内容的情况灵活运用，它适用于部分专业理论教学中。在传统教学中，理论教学往往授课效果不佳，学生不喜欢听课，为此，微动教学法倡导课堂进行改革，把学习的时间交给学生，要求学生课前通过云平台提前感知学习内容，教师要提前发布学习任务与要求，让学生带着问题去做好课前的学习准备，组长组织学生在网上讨论，对理论知识进行全面感知，在上课的时候，教师对学习重点难点进行集中讲解，让学生全面掌握理论知识，在此基础上引导学生去设计问题，并组织学生利用学到的理论知识去解决问题，最后要求学生把学习体会向教师汇报，教师对学生的学习情况进行点评，加深对理论知识的理解。

（2）在实验教学方面的应用。教学过程的四个阶段都是以小组的学习方式进行合作探究，有利于解决学习中的难题，比较适合应用于实验探究方面的教学。在实验教学前，通常任课教师通过云平台发布学习任务，提醒学生利用空余时间预习实验内容，如在平台上看课件、微课、视频和实验资料等，并给学生提出 1～2 个问题，让他们带着问题去准备，课中教师说明实验教学的任务，集中讲解有关实验方面的内容与要求（10～15 分钟），之后交给组长去组织学习与探究，在组长的带领下，首先讨论与分析实验学习任务，在实验思路上达成共识，然后各自去进行实验设计，当设计完成之后上传设计方案到云平台，任课教师选择设计较好的同学到讲台上展示与分享，教师集中点评与分析，然后各组修改设计方案，最后组长组织同学去实施与检验，共同完成实验教学任务。

第七节　微动教学法的创新点

教育的主阵地在课堂，课堂的一端连接学生，另一端连接着民族的未来，教学的改革只有进入到课堂的层面，才真正进入了深水区，可见课堂是教育发展的核心地带。高校只有抓住这个核心地带，开展革命性的改革，才能从根本上提高教育教学质量。微动教学法就是以提高课堂教学质量为主要目标，通过教学理念的改变和教学过程的改革，把学生被动学习变为主动学习，极大地调动学生学习的积极性，使课堂教学在人才培养方面发挥应有的作用。微动教学法主要创新点有以下三点。

（1）育人理念创新。在吸收传统教学优点的基础上，借鉴国际先进教育理念，结合我国高校教学的实际，提出了思维教育与全人发展教育相结合的理念。在教学过程中侧重培养学生的逻辑思维与辨别能力，使学生形成良好的思维方式，在人文教育中，注重帮助学生树立正确的价值观和世界观，促进人的全面发展。同时倡导教学要因材施教，注重发展学生个性特长，激发全面发展的潜质，有目标着力培养学生具有良好的思想品德、丰富的专业知识和较强的工作能力。

（2）教学方法创新。在吸取传统教学经验的同时，借鉴国际先进教学方法，结合线上线下混合式教学的特点，把教学过程划分为感知、设计、实施与述评四个阶段，每阶段都有明确的教学目标，融合多种教学资源和教学方法，开展小组合作式学习，实行组长负责制，发挥学生的主体性作用，培养学生的领导能力和协调能力。把"知识传授式课堂"改造为"问题探究式课堂"，发挥学生学习的能动性，有利于促进师生交流互动，激励学生的学习动机，使课堂教学效果更加显著。

（3）教学评价创新。传统的教学评价大多数是通过期末考试来评定，学生已习惯了到期末临时死记硬背应付考试，这种单一的评价方式不科学、不公正、不合理。微动教学法采用综合开放多元的评价方式，通过云平台记录学生学习的轨迹，真实记录学生课前、课中和课后的学习表现，学生实时了解自己得分情况，有利于激发学生学习的热情。此外，要求教师、组长和学生都参与教学评价，组长考核组员，组员之间互评，教师考核每位学生，最后通过云平台综合评定课程学习成绩，给予学生公正评价，改变了传统教学通过试卷考核的方式评价学生的能力与水平。

　　微动教学法在教学理念、教学方法和教学评价方面提出的改革与创新，有效地解决了传统教学存在的一些不足，如改变了教师较少关注学生的通用能力和核心能力的培养，尤其是学生思维能力培养的问题，改变部分教师上课照本宣科，只按自己的进度去上课，不顾学生的感觉与诉求，课中师生互动很少，学生学习的积极性不高，教学效果不尽如人意的问题，同时也改变了多数教师期末通过出试卷，或者让学生交作品的方式进行考核的方式，采用这种方式时有些学生期末依靠抄笔记，死记硬背，临时应付考试，甚至有些学生抄袭他人的作品，修改一下就上交，蒙混过期末考核这一关。微动教学法在教学中解决以上这些问题，对人才培养质量的提高具有现实的意义。

第六章　微动教学法的理论基础

教学法是建立在一定的理论基础上，为达到一定的教学目标，在教学过程中，所遵循的特定的教学过程、采用的教学技术以及教学手段的总和。支持微动教学法的理论基础主要有建构主义学习理论、掌握学习理论和系统化教学设计理论。

第一节　建构主义学习理论

一、建构主义的发展历史

建构主义理论的主要代表人物有皮亚杰、科恩伯格、斯滕伯格、卡茨、维果斯基。皮亚杰是认知发展领域最有影响的一位心理学家，他创立的关于儿童认知发展的学派被人们称为日内瓦学派。皮亚杰关于建构主义的基本观点是，儿童是在与周围环境相互作用的过程中，逐步建构起关于外部世界的知识，从而使自身认知结构得到发展的。儿童与环境的相互作用涉及两个基本过程：同化与顺应。同化是指个体把外界刺激所提供的信息整合到自己原有认知结构内的过程；顺应是指个体的认知结构因外部刺激的影响而发生改变的过程。同化是认知结构数量的扩充，而顺应则是认知结构性质的改变。认知个体通过同化与顺应这两种形式达到与周围环境的平衡：当儿童能用现有图式去同化新信息时，他处于一种平衡的认知状态；而当现有图式不能同化新信息时，平衡即被破坏，而修改或创造新图式（顺应）的过程就是寻找新的平衡的过程。儿童的认知结构就是通过同化与顺应过程逐步建构起来，并在"平衡－不平衡－新的平衡"的循环中得到不断的丰富、提高和发展。

在皮亚杰的"认知结构说"的基础上，科恩伯格对认知结构的性质与发展条件等方面进行了进一步的研究；斯滕伯格和卡茨等人强调个体的主动性在建构认知结构过程中的关键作用，并对认知过程中如何发挥个体的主动性进行了认真的探索；维果斯基提出的"文化历史发展理论"强调认知过程中学习者所处社会文化历史背景的作用，认为个体的学习是在一定的历史、社会文化背景下进行的，社会可以为个体的学习发展起到重要的支持和促进作用。所有这些研究都使建构主义理论得到进一步的丰富和完善，为实际应用于教学过程创造了条件。

建构主义理论的内容很丰富，但其核心只用一句话就可以概括：以学生为中心，强调学生对知识的主动探索、主动发现和对所学知识意义的主动建构（而不是像传统教学那样，只是把知识从教师头脑中传送到学生的笔记本上）。以学生为中心，强调的是"学"；以教师为中心，强调的是"教"。这正是两种教育思想、教学观念最根本的分歧点，由此而发展出两种对立的学习理论、教学理论和教学设计理论。由于建构主义所要求的学习环境得到了当代信息技术成果的强有力支持，这就使建构主义理论日益与广大教师的教学实践普遍地结合起来，从而成为国内外学校深化教学改革的指导思想。

二、建构主义学习理论

建构主义认为，人的认识是主体的"构造"过程，主体理解认知客体是凭借自己的经验而获得。学习是学生主动认知的过程，它基于特定的情境，在老师、家长和同学等的帮助下对外部认知客体进行加工而形成自己的见解，并在脑海中构建"图式"，这不是由老师简单传授教学内容而学生被动接受的过程。在建构主义理论中，情境、协作、会话、意义构建被称为学习环境的四大要素。情境用于帮助学生构建知识，协作是学生必不可少的，会话同协作一样重要，他们是达到学习效果的两大重要武器，而建构意义是学习的理想目的。

建构主义认为，知识并不是如实地反映周围世界，它只是一种猜测与推理，它会随着时代而变化发展，并且不断提出新的猜测与推理，不断获取新知识，从而越来越接近真理，然而知识没有终点，它是永无止境的。在解决实际问题时，知识模拟吻合的情境，为了达到顺利解决问题的目的，还需要对其进行进一步升华，从这个角度理解，知识又是情境化、个体化的产物。知识是认知主体对认知客体的一个意义建构的过程，具有相对的真理性，但是又不是完全的真理，它总是在不断被超越，它是一个近乎真理的过程，它需要人们敢于批判与质疑，从而越来越接近真理。

从学习者形成的知识结构的构成来看，建构主义认为，知识结构并不是线性结构或层次结构，而是围绕关键概念而建构起来的网状结构的知识，既包括结构性知识，也包括非结构性知识，学习结果应是建构结构性与非结构性知识的意义表征；学习可以分为低级学习和高级学习。低级学习属于结构良好领域，要求学生的概念、原理、技能等，所包含的原理是单一的，角度是一致的，此类学习也叫非境化的或去境化的学习；高级学习属于结构不良领域，每个任务都包含复杂的概念，是非结构化的、情境性学习；传统学习领域，混淆了低级、高级学习的划分，把概念、原理等作为学习的最终目的，而真正的学习应是要建构围绕关键概念组成的网状结构。

三、建构主义教学理论

学习论是教学论的前提与基础，建构主义教学论以其学习论为基点，超越了传统的教学论思想，具有自身独特的观点，其基本思想包括以下。

（一）教学目标

建构主义的教学目标强调发展学生的主体性。在建构主义看来，学生是信息加工的主体，是意义的主动建构者，而不是外部刺激的被动接受者和被灌输的对象。在学习过程中，学生要从多方面发挥主体作用，用发现法、探索法去建构知识的意义，主动去搜集并分析有关的信息和资料，对所学习的问题要提出各种假设并努力加以验证。书本知识只是人类从各个途径中获得的经过提升、总结与凝练的系统的认识，而不是解释现实的"模板"。它不是绝对正确的终结答案，并且在不同的情境下有其特异性。因此，掌握知识并不意味着掌握了规律，而需要把握在不同情境中的复杂变化。书本知识只能说是一些信息、符号，是不具有全部意义的东西，只有通过学生个体的主动建构变成认知结构中的知识，它才能获得意义。所以，教学活动中发展学生学习的主体性、主动性尤为重要。

（二）教学原则

建构主义教学原则包括建构性原则、主体性原则、相互作用原则。建构性原则指在教学中不以灌输知识为主，而应启发学生自主的建构认知结构。在教学中应按照学生认知建构图式进行教学设计，尤其应注意设计教学情境、认知冲突。主体性原则指教学中应积极有效地促进学生主动参与，自主建构认知结构。为此，教师要创设机会，激励学生主动参与，促进学生主动学习。相互作用原则是指要将活动贯穿于教学的全过程，使之在相互作用中最大限度地让学生处于激活状态，积极主动地动手、动口、动眼、动脑，使学习成为学生自主的活动。为此，教师应运用现代化教育教学手段，开展协作学习、小组讨论，增进合作与交流。

（三）教学模式

传统教学模式的着眼点在于教师如何向学生传授知识，而建构主义教学论则要求摒弃以教师为中心的模式，树立学生主体观念，强调学生对知识的主动建构。其教学模式主要有以下几种。

1. 交互式教学模式

交互式教学模式最早由帕林萨于 1982 年被提出，是在合作学习的基础上发展而来的。合作学习强调让学生在小组或小团体里相互帮助中展开学习，注重集体性任务，主张教师放权给学生，小组成员间应相互合作、相互沟通。它又可分成协作学习、小组学习等多种形式。交互式教学模式的教学目标主要是帮助学生形成学习动机，同时训练学生的阅读策略，教学重点放在基本概念、基本原理及变异过程的教学。其教学过程一般包括确定主题－创设情境－独立探索－协作学习－自我评价－深化学习等环节，着眼于师生的互动与交流。

2. 认知学徒式教学模式

认知学徒式教学模式由美国认知心理学家柯林斯和布朗等人于 1989 年提出，它是在杜威、维果斯基及当代许多认知心理学家教学模式的影响下产生的，是对传统教学脱离现实生活弊端的一种革新，是"做中学"教学模式的一种衍生。认知学徒教学模式非常重视有效教学的教学策略。为增进学生对教学内容的理解，它提出了三种策略，即增加内容的复杂程度、增加内容的多样性、首先传授最高水平的技能。为刺激学习者的认知活动，提出了五种策略，包括模仿、辅导、提供－逐渐拆除－重新组合"脚手架"、提供学生表达获取新知识的机会、反思和鼓励学生的探究能力。为促使个体学习的社会化，又提出了五种策略，即情境学习、模拟、专家实践的文化群体、内在动机、利用合作。当前，认知学徒教学模式受到了广泛的重视。

3. 抛锚式教学模式

抛锚式教学模式是由美国范德堡大学的约翰·布兰斯福德教授所领导的认知和技术项目组（Congnition & Technology Group at Vanderbilt，CTGV）于 20 世纪80 年代末开发的，其学习理论基础是情境学习、认知弹性理论、情境认知理论，其中情境认知理论影响较深。它强调学习应着眼于解决生活中的实际问题，学习过程应在实际中进行，学习效果应在具体情境中评估等。这种模式中的"锚"是指一种真实的宏观背景，教师的任务就是重点设计锚，以便学生能够借助于各种资料去发现问题、形成问题、解决问题。这种教学模式的教学目标是让学生能够将解题技巧应用到实际生活的问题中去，教学策略强调学生学习的主动性，强调活动的参与性等。强调合作学习，教学过程一般为：设计锚－围绕锚组织教学－学生自主学习与合作学习－超越具体的锚、促进学习迁移－自主进行效果评价。

4. 问题解决式教学模式

问题解决式教学模式最早由前苏联的马赫穆托夫提出。20 世纪 90 年代以来教育工作者对"马式"的问题解决式教学模式进行学习、借鉴与研究，形成了现代问题解决式教学模式。它强调让学生理解知识方式，通过学生在学习中发现问题，形成认知冲突，然后去探索问题，解决认知冲突。其基本策略在于让学生通过解决问题来获得相应的图式及相关的观念性理解。如作为范式之一的课题式教学主张针对课程内容设计教学单元；每个课题围绕着一个具有启发式的问题；通过问题解决，学生理解相应的概念、原理，从而建立良好的知识结构；学习方式是合作学习。问题解决教学模式不仅适用于学科内容的学习与教学，而且还适用于职业或实际生活中的问题解决，并且还可以与情境性学习联系起来，它不仅为学生新旧经验的同化与顺应提供了理想的平台，而且可以使学生更主动、更广泛、更深入地激活原有的经验，从而主动地学习。所以，近年来，它越来越受到建构主义的热衷，处于建构主义教学改革的最前沿。

（四）教学设计

传统教学设计是围绕如何"教"而展开的，很少涉及学生如何"学"的问题，以至于产生了以忽视"学"为代价的"教"为中心，使学生处于被动的地位，从而影响了学生创造力的培养。建构主义教学论强调以学生为中心，教师是学生意义建构的帮助者、促进者。为此，教学设计的内容与步骤包括：分析教学目标－创设情境－设计信息资源－设计学生自主学习－设计协作学习环境－设计学习效果评价。通过以上内容与步骤，增强学生学习的自主性、积极性、创造性，达到建构教学的效果。

（五）教师的作用

建构主义者主张改革传统的师生关系，建立民主平等的新型师生关系。他们认为学生是自己学习过程中的决定因素，但并不否认教师在教学过程中的指导作用，极力主张教师在教学过程中要了解学生的身心发展状况和具体要求，为学生创设良好的教育教学环境，引导学生积极主动地参与知识的学习与探索，并要为学生的学习提供一些线索或建议，帮助学生解决学习中面临的各种困难，引导学生在自主学习的过程中不断提高自身的素养。但建构主义者强调教师在教学中为学生提供的帮助并不是要代替学生的学习，而且这种帮助不能过多，并要逐步地减少，最终过渡为学生的独立自主学习。正如布鲁纳所说："教是带有临时性质的，因为它的目的在于使学习者得以'自力更生'。提供任何矫正性指示都会带来危险性，学习者很可能永远依赖教师的指正。教师必须采取使学习者最后能自行把矫正技能接过去的那种模式，否则，教学的结果势将造成学生跟着教师转的掌握方式。"

四、建构主义学习理论对教育改革的启示

建构主义对知识、学习和教学提出的一系列思想观点，对改革传统教学具有重大意义。建构主义的理念将取代传统观念而成为教学改革的主导性理念。

（一）建构主义学习理论对于教学理念的启示

建构主义的基本观点向传统的教学理论提出了巨大的挑战，启示我们反思传统教学盲目崇拜书本和老师的思想、过分注重知识传授并将书本知识作为固定不变、不容置疑的东西让学生无条件接受的传统教学模式，使学生的发散性思维、逆向性思维被束缚、创造的精神被扼杀，难以适应现代社会对人才的要求。建构主义学习理论为改变传统的教学理念，重新建构新的教学理念提供了理论依据和实践范式，在教学中强调培养学生借助已有的知识经验主动建构新知识的能力，即要培养学生的自学能力、研究能力、思维能力、表达能力、创新能力和组织管理能力，让学生学会认知、学会做事、学会共同生活、学会生存，把培养学生灵活适应未来不确定情境的可持续发展的能力、具有创新思想和实践能力、能够主动并全面发展作为教学的目的。

（二）建构主义学习理论对于教学活动的启示

建构主义理论的基本思想与传统的以教师为中心的教学思想是根本对立的。它所倡导的"教师指导下的以学生为中心的教学模式"能够调动学生学习的积极性，对创新人才的培养十分有利。因此，以建构主义理论作为教学改革的指导思想和理论基础是适宜的。

1. 改变传统的师生角色

建构主义认为学生是知识的主动建构者和教学的积极参与者，教师则是学生意义建构的组织者、帮助者和促进者。因此，要改变传统的师生角色，教师在教学过程中要充分尊重学生在学习中的主体地位，调动学生的积极性和主动性，积极开展教学互动，给学生发言和表达自己思想的机会，鼓励学生反向思维、质疑思维，把学生被动学习转变为主动学习，教师则由控制课堂节奏的"讲师"转变为学生学习过程的"导师"，成为学生学习方法的指导者、意义建构的引导者和合作者。

2. 创设合适的教学情境

建构主义学习理论要求在真实或类似真实的情境中学习，注重非结构性知识和学生已有的经验。而传统的教学只注重结构性知识的传授，忽视非结构性知识和学生的生活经验。或者说，比较重视教材讲授内容，忽视学生已有的知识经验。

在教学过程中，不太重视引导学生在原有的知识经验中去生成新的知识。因此，在教学中，教师应该向学生提供大量的案例并恰当运用现代化的教学媒体为学生创造交互式的学习环境，以利于学生的主动探索、主动发现，以利于发展联想思维和建立新旧概念之间的联系，尽量由学生自己尝试解决问题，在学科结构与学生内在的知识结构中架起桥梁，这样有助于提高学生把知识运用于解决具体问题的能力。启发学生通过自己的思考对事物进行解释、假设与创造。

3. 加强合作学习

建构主义学习理论注重学习过程中学习者之间的交流与合作（包括学生与教师之间、学生与学生之间、学生与学习环境之间的交流与合作）。学习是在一定的情景即社会环境背景下，借助其他人的帮助即通过人际间的协作活动而实现的意义建构过程。因此在教学中要加强合作与交流。可以通过小组讨论、小组科研活动、社会调研、教学实习等活动，使学生在头脑中生成事物的概念、原理以及新的想法，教师则应在学生与学生、小组与小组、学生与小组的交流和活动中协调。

五、微动教学法借鉴建构主义学习理论

微动教学法以建构主义学习理论为指导，注重学生原有知识的积累与运用，引导学生利用已有知识与新知识建立联系，从而建构新知识。同时，主张教学应从问题开始而不是从结论开始，让学生在问题解决中进行学习，提倡学中做与做中学，而不是知识的套用，强调以任务为驱动并注意任务的整体性。要求学生积极面对认知复杂的真实世界，并在复杂的真实情境中完成任务，鼓励学生主动去搜集和分析有关的信息资料，对所学的问题提出各种假设并努力加以验证。

借鉴建构主义学习理论，以问题教学为出发点，让学生带问题去预习、去准备，然后在课堂上一起讨论、思考如何解决问题，充分发挥学生学习的主动性与积极性。整个教学过程以学生为中心，充分尊重学生在学习中的主体地位，积极创设一些学习情境，发挥学生学习的能动性，同时，借助互联网技术和现代教育技术，引导学生通过线上线下混合式学习方式，广泛了解知识与储备知识，要求教师传授知识时不是通过"一言堂"，直接灌输，让学生被动接受，而是引导学生

通过感知、小组讨论、思考与实践获得新知识。

第二节　掌握学习理论

一、掌握学习理论的产生背景

20 世纪 50 年代，美国以布鲁纳的结构主义理论为指导，进行了轰轰烈烈的教育改革，旨在为美国社会培养未来的精英和科学家，以提高美国的科学技术水平。然而，这场改革因过分强调学术性、结构性和理论化，导致美国教育质量下降，虽影响甚大，但最终以失败告终，同时导致学校出现了大量不能掌握课程内容的学生。面对这样的现实，布卢姆对当时"教育的功能是选拔而非发展"的教育理念提出了质疑。20 世纪 60 年代中期，他对美国学校的课堂教学进行考察后发现，由于受"个体学习能力天生地存在着差异"等思想的影响和支配，教师们总认为一部分学生学业成绩低下是正常现象。他说："相当数量的学生由于年复一年遭受挫折与羞辱，他们的自我观念被这些预想有条不紊地摧毁了。"对于上述弊端，布卢姆有一段著名的论述："每个教师在新学期或新课程开始时总怀着这样的预想：大约有三分之一的学生将完全学会所教的事物；三分之一学生将不及格或刚好通过；另三分之一学生将学会所教的许多事物，但还算不上是好学生。这一系列预想通过分等的程序、教学方法与教材传递给学生。这种体制造成了一种自我实现的预言：通过分等的程序，学生的最后分等与最初的预想相差无几。"布卢姆认为这种想法是当时教育系统中最具有破坏性的一面，它压抑了师生的抱负水平也削弱了学生的学习动机。布卢姆坚持认为，90%以上的学生都能掌握教育中的材料，获得及格以上的成绩。为此，他与他的助手们进行了长期的研究，通过实验、观察和个案追踪，得出结论：除了百分之一二的超常儿童（即所谓天才儿童）和百分之二三的低常儿童（包括智力、情感、体格等方面有缺陷的儿童），绝大多数学生在学习能力、学习速率、学习动机等方面，并无大的差异。布卢姆进一步认为，造成半数以上学生不及格的原因，一方面是教学设计和方法的不完善，另一方面也在于教师并没有期待他们掌握。因此，要想使学生掌握学习内容，必须使教师具有对所有学生的期待，而不只是对一部分学生。在实验、观察和个案研究的基础上，布卢姆认定，学生的学习能力差异并不像人们所想象的那么大，也不是完全稳定不变的；相反，通过提供适当的学校和家庭环境条件，学生的学习是可以改善的，他强调指出："只要有合适的教学条件，一个人能学习的东西几乎所有的人都能学习。""我们的基本任务是确认怎样才算掌握了这门学科，并且探求能使最大部分学生达到这种掌握的方法与材料。"以此为基础，布卢姆最终确立起"教师为掌握而教""学生为掌握而学""教学应面向绝大多数学生"等基本教学理念，使得掌握学习理论的基本内涵得以确立，并在以后的实践过程中不断完善和发展。

二、掌握学习理论的基本内容

（一）确立"所有人都能学习"的教学观

二十世纪二三十年代，美国兴起了教育测量运动。当时的美国教育界普遍用智力测验、能力测验、成绩测验来测量学生的能力。结果发现学生们所表现出来的量化差异呈正态曲线分布。这种对学生学习能力差异的过分夸大使人们坚信：学习能力的差异是天生的，是先天智力的表现，具有高度的稳定性，可以通过智力测验或能力倾向测验进行预测。据此形成的传统教学观也认为，在一个班级中，如果以学习成绩衡量，那么，只可能有三分之一的好学生，三分之一的中等生，余下的三分之一是差生。这一观点不仅得到了学校的大力支持，还获得了社会的普遍认可。布卢姆认为，美国学校大批量"差生"的产生与上述教学观直接相关。受到学生成绩正态曲线模式的影响，教师在教学中只关注所谓智商高的"优等生"，对他们寄予期望、关注、鼓励以及教学指导；对大部分学生期望过低，认为他们智力和能力水平低，学不会知识是理所应当的。因此，他们的教学是针对智力较高的前三分之一学生的个别教学，大部分学生只能充当"陪读"角色。教师在教学中对学生进行差别对待，而这种"特殊关怀"只会导致优者更优、差者更差。布卢姆与助手们经过长期的观察、实验和个案追踪得到的结论是：除了 1%～2%的超常儿童（即所谓"天才儿童"）和 2%～3%的低常儿童 （即智力、情感、体格等方面有缺陷的儿童），剩下的绝大多数学生在学习能力、学习速率、学习动机等方面并无大的差异。因此他预言，90%以上的学生都可以达到教学目标的要求。布卢姆承认学生之间的确存在差异，但这种差异并没有人们想象的那么大。以往研究者之所以会夸大智力对学习的影响力，是因为他们把学生的个体差异与学生学习中的个别差异相混淆；学生的个体差异一般是相对稳定且不易改变的；而学生在学习过程中所表现出的个别差异则是一种人为现象，主要是由不适当的环境造成的，如学校和家庭等。这种差异属于不稳定变量，是可以被预测、解释和通过多种方式对其加以控制的。

（二）达成"为掌握而教"的教学目标

布卢姆将教学目标确立为"为掌握而教"，这实际上是对教育质量的要求，即强调让学生掌握和应用知识。首先，教师要形成正确的教学观，深刻理解学校教育的目的，恰当处理教育过程中的各种矛盾。合理设计教学，使学生明确教学的目的和任务，在教学过程中将"反馈－矫正－评价"三者有机结合，准确而及时地了解学生在学习过程中的实际掌握情况，适当调整教学。其次，教师要树立乐观的学生观，相信绝大多数学生有能力掌握学习内容，对学生的潜能寄予期望，帮助学生树立学习的信心。随后的研究发现，"掌握学习"效果之所以显著，是因为它对学生的自我概念产生了极大的影响。这是一种积极的自我暗示，使学生相信自己拥有掌握知识的能力，不仅可以正确地引导学习活动，还可以增强和维持学习动机。再次，教师要更新教育评价观，要淡化教育的筛选和淘汰功能，将诊断性评价、形成性评价、终结性评价等多种评价方式灵活运用于教学实施的各个阶段，强调一切教学活动最终都以学生的实际掌握情况为准，将传递知识与培养能力并重。

（三）创建"为掌握而学"的外部环境

为保障"为掌握而学"教学目标的顺利达成，教师可以从两方面为学生提供良好的外部学习环境。首先，要给予学生充足的学习时间。布卢姆受到卡罗尔"学校学习模式"的启发，建立了自己的学习模式。他认为学生之所以会在学习上存在个别差异，是由于该学生所需要的学习时间与实际学习时间的差量造成的。

学生的学习是否成功，关键在于是否接受了理想的教学，以及是否得到了必要的学习时间。他坚信只要有充足的学习时间，每个学生都能掌握一项规定的学习任务。布卢姆认为，导致学业成绩差异的最主要原因不是学生的智力差异，而是学生并不以相同的速度掌握知识。也就是说，学习能力强的学生可以在规定时间内达到掌握水平，而学习能力弱的学生则需要较长的学习时间去达到同样的水平，但往往教师并没有给予能力较弱的学生充足的学习时间去掌握知识，于是这部分学生常常是旧知识还未吸收又学习新知识，结果导致大量知识堆积、成绩下滑。其次，要合理控制其他变量。从学习达成度公式可以看出，学生能否顺利掌握知识主要受到学习毅力、学习机会、学生能力倾向、实际的教学质量以及学生对教学理解能力的影响。布卢姆特别强调，学生已经具备必要的认知结构是掌握学习的前提，要注重对学生基础的夯实，以便顺利实现知识迁移。因此，教师在日常教学中应注重对学生以上能力的锻炼与培养，使学生可以更好地掌握学习内容。

掌握学习的基本思想是只要提供恰当的材料和进行教学的同时，给学生充分的学习时间和恰当的帮助，那么几乎所有的学生都能达到掌握规定的目标。这种教学策略的思想核心是：许许多多的学生之所以没有取得良好的学习成绩，其原因不在于智力方面，而在于未能得到适合他们不同特点所需要的教学帮助和学习时间。

布鲁姆认为，大多数学生学习上的差异，多是学习速度上的差异。只要提供足够的时间，学生的成绩将不是正态分布，绝大多数的学生都会掌握学习任务，会有良好的成绩，这就是布鲁姆的掌握学习理论。

三、掌握学习理论对教育改革的启示

（一）教师方面

（1）掌握学习理论有利于更新教师传统的教育观念，树立正确的学生观。传统的教育理念中，教育工作者长期使用正态曲线来给学生分等，并坚信他的正确性，甚至很多学校也要求学生的成绩要服从正态分布。布卢姆认为，教育有效的话，成绩的分布应当与正态分布很不相同，甚至可以断言：成绩的分布接近正态分布时，我们的教育努力是很不成功的。这就要求教师做到：树立"人人都能学

好"的信心，部分学生之所以没有取得优异的成绩，问题不在于智力差，而是没有得到适合其学习特点的教学指导和足够的学习时间。学生的差异是后天学习教育形成的，是动态发展的。教师的任务就是为学生提供各种教学指导、教学方法以适应每个学生学习的需要和学习特点，从而使学生都能达到规定的掌握水平。

（2）掌握学习理论有利于教师因材施教，分层次教学，提高教学质量。布卢姆主张根据不同的学习目标，为学生提供多样化的教学材料和执行程序，如果学生按某一方式不能学会的话，还可以采用别的方法，得到其他的帮助。传统教学中的大班授课，为了照顾大多数同学，往往使优等生"吃不饱"，差等生"消化不良"。掌握学习理论强调群体教学后，通过形成性测试反馈信息，再组织针对性的小组讨论、个别指导等矫正性的帮助，最大限度地解决共性与个性的差异，使绝大多数同学达到掌握的目的，从而提高整体教学质量。

（二）学生方面

（1）掌握学习理论有利于素质教育的全面推进，使差生得到同样发展。素质教育是面向全体学生的教育，它要求为全体学生提供充分发展的机会。传统教学中，教师往往只重视学习好的同学，忽视学习差的同学，甚至用正态分布界定成绩，把学生划分为几个等级。对此，布卢姆反驳了"好学生能学会一门学科中复杂而抽象的概念，而差学生只能学会最简单的、最具体的内容"的错误观念，承认"有学得快的学生，也有学得慢的学生"，但是坚信只要提供适当的条件，绝大多数同学都能达到对学习内容的掌握。无论学生学习速度与接受能力如何，总有一种教学方法是适合他的。掌握学习理论不但为教育和转化差生提供了理论依据，还提供了具体有效的可操作性程序，即运用形成性测验反馈信息，及时发现学习难点和未掌握的内容，并辅之以更多的个别辅导等多种矫正手段，使其达到掌握的目的。

（2）掌握学习理论有利于学生身心健康发展，发展非智力因素，促进学生全面发展。素质教育就是要让受教育者获得全面发展，成为不仅具有知识和技能，而且是身体健康、心理健康、道德健康和富有创造精神的人。掌握学习理论的教育目标不仅包括认知目标还包括感情目标，不仅重视认知成果，还重视学生的感情成果。这对培养学生学习的态度、兴趣、自信心和对自我价值的认可都有深远的影响。这一理论还要求教师对学生的学习潜力怀有充足的信心，对所有学生充满积极的期待，教师对学生的乐观看法和高期望可以帮助学生消除恐惧心理和自卑感，增强学生的信心，激发学习的积极性，有利于教育目标的实现。

（3）掌握学习理论有利于提高学生的学习能力、学习的有效性，使学生终身受用。掌握学习理论的实施程序可以告诉学生"要达到什么目标""学什么""怎样学""怎样学好"的问题。学生学习目标明确，学习方法有效，积极进行自我反馈，知道自己哪方面学得好、哪方面不好、哪方面还需要改进。布卢姆认为，如果在某一学科领域的入门课程中都采用掌握学习理论的话，学生在以后的课程中保持这些新的学习方法，将越来越不需要更多的特殊帮助和额外时间。"学会学习"将对他们的终生学习具有重要影响。

四、微动教学法借鉴布鲁姆掌握学习理论

微动教学法借鉴了布鲁姆掌握学习理论，相信每个学生都具备学好专业知识的条件，只要树立以学生为中心的教学理念，采取适当的教学方法，以小组学习的方式进行学习，教师给予学生适当的引导与帮助，并给予学生充足的时间，学生一定会学好专业知识，尤其在这个信息时代里，互联网搜索十分便利，学生借助信息技术的支持，获得的帮助比以往任何时候都多，使得个性化学习更易实现。采用微动教学法进行教学，学生通过线上线下学习课程，随时随地根据自身情况来安排感知学习，学习的时间学生可以自由掌控，成绩好的学生可灵活使用时间，而学习成绩不好的学生可以多花一些时间，预习的效果相差不大。此外，云平台提供交互式的学习环境，有利于学生之间的交流，分享学习心得和体验，得到的帮助也比较多，这些都有利于提高学生探索知识的能动性，对学生构建自身的知识结构有很大的帮助。

第三节　系统化教学设计理论

系统化教学设计理论是美国著名教育心理学家加涅综合吸收行为主义心理

学和认知主义心理学提出的一套较为完整的教学设计理论。加涅及其同事莱斯里·布里格斯在《教学设计原理》中提出了学习理论，被认为开辟了当代教学系统设计的方向。他将教学设计定义为："教学设计是一个系统化（systematic）规划教学系统的过程。教学系统本身是对资源和程序作出有利于学习的安排。"他把学习者的活动看成是个体发生的内部过程，并根据现代认知心理学的信息加工理论，对学习进行系统分析和描述。他认为，学习的内部心理过程可分为：警觉、期待、恢复工作记忆、选择知觉、语义编码、接受与反应、强化、暗示提取以及概括等几个方面。学习是人的倾向或能力的改变，这种改变能够保持，而不能把它单纯地归之于生长的过程。学习过程是发生在学生头脑中的内在活动，但是输入的信息可以因各种不同方式的外在条件而得到变换、改变和增强。教学就是有目的、有计划地发动、激发、维持和提高学生学习的一整套条件，进而引申出一整套促进学生内部学习过程的外部教学条件，使学习的每一个内部加工阶段能与教学过程中的各项教学事件一一对应起来。加涅还把学习结果即教学目标分为言语信息、智力技能、认知策略、动作技能与态度五类，不同的学习结果需要不同的教学策略，而教学策略是由一些基本的教学事件组成的，即著名的九大教学事件：引起注意、告知目标、激起回忆、呈现刺激、引导学习、诱发行为、提供反馈、评估行为及加强保持。如果我们能把教学过程建立在对学习过程的深刻认识上，较好地把握教学中影响学生学习过程的各种可控因素，能够根据不同的学习结果设计出与之相匹配的教学条件，把学习理论付诸教学实践，积极而灵活地安排教学活动，那么就能促进学生的学习，大大提高学习的效率与效果。

微动教学法以系统化教学设计理论为指导，通过创设工作情境，引导学生通过对情景变化的分析，养成关注人、关注人的需求、关注人的情感变化的习惯。在教学中，积极开发不同的教学策略，将教学过程建立在对学习过程的深刻认识上，促进学生的学习。学生学习兴趣浓厚，课堂思维活跃，分析问题、解决问题的能力明显提高。

第七章　微动教学法的教学过程

教学过程是教学活动的启动、发展、变化和结束在时间上连续展开的程序结构，它是一种特殊的认识过程，也是一个促进学生身心发展的过程。在教学过程中，教师有目的、有计划地引导学生主动进行认识活动，自觉调节自己的志趣和情感，循序渐进地掌握文化科学知识和基本技能，促进学生智力、体力和品德、审美情趣的发展，为学生奠定科学世界观的基础。

第一节　教学过程概述

教学过程是教师教和学生学的双边过程，是教学相长的过程。教学过程永远具有教育性，是一种促进学生身心全面发展的过程。古今中外教育家对教学过程进行了充分探讨，提出了许多教学过程理论。

孔子是世界上最早论述教学过程的教育家，他从学习角度把教学过程划分为学、思、习、行四个环节。他认为学是教学的基础，行是教学的目的，思与行是教学的深入化和熟练化。围绕上述环节，他提出多闻多见，切问近思，时习温故，听言观行等原则，还主张立志有恒，好学乐学，强调动机、兴趣、情感、态度、意识等情感因素在教学中的积极作用，把教学活动理解成全部心理活动参与的过程。孔子教学过程理论对中国教学过程理论的发展产生了深远的影响。

荀况则发展了孔子的主张，从朴素唯物论的认识论出发，把学习看作是"闻""见""知""行"的统一过程："不闻不若闻之，闻之不若见之，见之不若知之，知之不若行之；学至于行之而止矣。"他主张感性认识和理性认识的统一，知和行的统一。

在西方对教学过程的注意始自苏格拉底，他的教学过程理论由普遍概念开始。

经过问答启发，达到构成特殊事实的基本概念的更恰当定义的过程。西方第一个建立教学理论的教育家是昆体良，他把教学过程较为明确地划分为模仿、讲述、练习三个顺序递进阶段，以模仿为前提，以讲述为重点，以练习为根本。教学情形是教师朗读、学生复诵、教师评价、学生记诵。文艺复兴时期夸美纽斯认为教学过程由感觉、记忆、理解、判断四环节组成。教学从感觉开始，经过记忆思考达到理解，最后培养学生判断能力。西方教学过程理论到赫尔巴特才日臻完善，他把教学过程划分成明了、联想、系统、方法四个阶段，其后继者齐勒将其发展为准备、呈现、联想、概括、应用五步法。赫尔巴特派的五段教学法深深影响并统治着 19 世纪末 20 世纪初欧美的学校教学，成为了教学过程的基本模式。杜威提出"思维教学五步法"：提出问题、分析问题、提出假想、推断评断、推论评断、验证结论。凯洛夫以马克思主义认识论为依据把教学过程概括成感知、理解、巩固、应用四阶段。巴拉若夫提出五环节：感知、理解、巩固、应用、检测。伊万诺夫将教学过程分为八个连续阶段：准备、观察、思维、巩固、应用、练习、检测、系统。以凯洛夫为代表的教学过程占据着前苏联教学理论的统治地位，并极大地影响了中国当代教学过程理论发展。布鲁纳是结构发现教学的创始人，他认为教学过程就是科学发现过程，其程序是提出问题、创设情景、提出假设、形成概念、评价验证。

纵观中外古今各种教学过程，它们都有一定的合理性，但从不同角度对教学过程进行了深入的分析研究，都揭示了教学过程的某些特点和规律。但由于认识的局限性和教学过程的复杂性，它们都有把教学过程简单化、片面化的倾向，都未能全面完整地揭示和把握教学过程的本质、特点和规律。

辩证唯物主义的认识论全面总结了人类认识的发展历史，揭示了认识过程的普遍规律："人类社会实践是认识的源泉和目的，人类认识是主体对客观世界能动的反映，是由感性认识能动地向理性认识逐步上升和转化的过程，认识反过来又能动地指导和推动实践发展，实践和认识是相互作用，循环上升的过程。"这一规律的阐述，为教学过程提供了科学的方法论基础。学生的学习过程是人类认识过程的一种特殊形式。学习是以掌握人类已知的文化科学和技术基础知识为主，经教师的传授和引导，以求在较短时间使年轻一代能达到当代科学文化水平。教学过程乃是一种有目的、有计划的特殊的认识过程，它遵循的是感性认识和理性认识统一、认识和实践统一的规律，这既可避免唯理论的片面性，又可防止狭隘实用主义经验论的片面性。

遵循辩证唯物主义的认识论，教学过程一般分为以下步骤。

1. 引导学生获得感性知识

这一阶段包括通过观察、实际操作以及实验等活动丰富学生的表象，并要求这些表象有明确的目的性和典型性，以便迅速有效地达于理性认识，同时发展学生的观察能力、想象能力。

2. 引导学生理解知识

这一阶段引导学生由感性认识向理性认识转化达于理解。所谓理解，就是揭示事物之间的内在联系，把新概念在头脑中纳入已知概念的系统，由已知概念向新概念转化，即形成新概念。随着现代科学技术的发展，科学概念或规律性知识在教学过程中愈来愈具有重要作用和主导地位。引导学生学会独立地利用已知概念探索新知识，是发展创造性思维和独立学习能力的中心环节，是不断形成和发展认识结构的基本条件。

3. 引导和组织学生进行实践作业

和一般社会实践形式相比较，教学过程的实践形式既有共同性又有特殊性。口头作业、书面作业、实验、实习、实际操作以及美术、音乐和体育活动等是教学过程中的特殊实践形式，其目的在于印证知识或运用知识形成各种基本技能和技巧，培养独立学习能力并促进学生全面发展。教学还包括组织学生参加一定的社会生产劳动或必要的社会政治文化活动，以便扩展知识、技能和技巧的运用领域，但这些社会实践形式必须服从教育和教学目的，并且不能作为教学过程的中心。此外，在教学过程中还要求充分利用学生在生活中获得的直接经验，同时要求防止某些错误的直接经验对学习新知识和技能的干扰作用。学生的技能、技巧的形成，一般是由掌握知识开始，逐步转向半独立作业，并通过合理的练习，达到较完整的独立作业。

4. 检查和巩固知识

无论在形成感性认识或形成新概念以及从事实际作业阶段，都包括合理的检查和巩固工作，而检查和巩固又可构成教学过程相对独立的特殊环节，系统的检查和巩固工作是教学过程继续前进的基本条件之一。检查和巩固是教和学的双方的活动，其最终目的是要教学生学会自我检查和纠正学习中的错误，并善于充分利用意义识记和逻辑记忆来巩固知识、技能和技巧。

教学过程的四个阶段是相互渗透、相互促进的环节，并具有相对的独立性。并不是每一堂课的教学都必经这些步骤，不能作为呆板的公式看待。教学过程既可以由具体到抽象，又可以由抽象到具体，既可以由认识到实践，又可以由实践到认识。

第二节　教学过程的四个阶段

微动教学法以建构主义学习理论和掌握学习理论为理论基础，遵循教育的基本规律，把教学过程分成感知、设计、实施和述评四个阶段，每个阶段都具体明确培养学生所具备有的能力，整个教学过程由教学管理云平台进行管控，记录学生的学习表现，教学评价科学、公正、合理。

微动教学法的教学过程是根据学生的认知规律提出来的，对学生认知规律的尊重是对学生最大的尊重，也是对学生成长成才的最大的关怀，教师只有深入了解学生的认知规律，并按照认知规律进行教学，才有可能达到预期的教学目标。那么学生的认知规律到底有哪些呢？作者认为至少有以下三点：一是学生的知识是通过主体活动建构的，认知活动是与情感活动相互促进、协同发展的；二是学生的认知活动是遵循从具体到抽象再到具体的顺序，呈现螺旋式上升；三是学生自身的认知结构是继续学习活动的出发点与归宿。微动教学法根据学生的认知规律把教学过程划分为四个阶段：感知阶段、设计阶段、实施阶段和述评阶段。具体过程如图 7-1 所示。

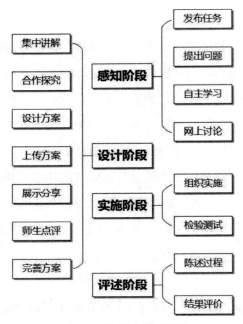

图 7-1　教学过程四阶段

一、感知阶段

有关教学中的感知论述，著名的认知心理学家布鲁纳早就提出学习是一个认知过程，是学习者主动地形成认知结构的过程。在这个过程中，学习者主要通过感觉、记忆、思维等方式对信息进行加工。感知是获得知识的第一过程，它是在接触具体的学习内容信息和接受前人积累的知识与经验的时候，通过形象思维，运用观察、听讲、阅读、记忆等感知的基本方法，由感而知。在教学的过程中学生如果没有认真细致的感知，学习难予得到理想的效果。

微动教学法的学习过程充分吸收传统教学法的学习经验，既考虑教的实际情况，又考虑学的接受情况，遵循认知发展的特点与规律开展教学活动。微动教学法的感知阶段是指教师在课前通过教学管理云平台发布预习计划，学生按照计划要求提前预习授课内容，如阅读指定教材、看相关视频、课件和参考书籍等，对即将上课的内容有初步的认知，为新课教学的顺利进行打下良好的基础。

感知是课前预习，它是一种学习的心理准备状态，为上课打好思维定向的基础，教师上课上什么内容，学生可以通过预习了解在哪些方面还弄不懂，这样带着问题走入课堂的学习效果明显增加。通过预习，学生对所要学习的内容有了一定的认识，将一些困惑和疑问的地方在课堂上提出来，大家共同去探讨，从而激发学生的学习兴趣，为学好知识创造良好的条件。

微动教学法认为，在教学过程中学生是学习的主体，而教师只起到主导课堂的作用。学生要在教学过程中发挥主体作用就要先知先觉，即课前预习，只有课前做好相关准备，才有可能上好一堂课。如果课前学生对所学的知识已有感知，就可以带着疑问、有的放矢地进入课堂教学。在课堂上，教师可以反复示范，学生可以清晰地看到教师的思路，不断去思考一些问题。这样的课堂就自然而然地培养了学生具有质疑、释疑能力及独立思考的能力。

感知阶段是整个学习过程中的一个重要环节，它对做好学习新知识的准备，对巩固和强化已知的知识，对培养学生的自学能力，都有重要作用。

中国古代有句名言："凡事预则立，不预则废。"在学习新知识之前如能进行适当地感知，就可以对所学对象有大致的了解，在上课时就可以把精力集中在感知中没有完全弄懂或根本不懂的问题上来，使自己的学习更有针对性，更加有效。对大学生来说，听一堂新课，并非绝对都是新内容，因为任何新知识都是在原有知识基础上，有序地向前延伸或者作出新结论的。所以，通过感知，既可以对过去所学的知识起到强化作用，又可以为学习新知识，提供必要的认知基础，排除认知上的障碍。

从个体的认识过程上看，人的认识总是按照感知、识记、理解、再感知、巩固记忆、深入理解……这样一个规律进行的，这是一个不断提高的过程，但不是一个直线发展的过程，往往表现为螺旋式的循环前进。人们第一次感知获得一个最初印象，这是很宝贵的，但常常又可能是不全面的，甚至是错误的，这就有待于第二次再感知的补充和纠正。第二次再感知又有待于以后的第三次以至无数次再感知的补充或者纠正。这样人们的认识才能逐步前进和提高。课前预习的任务，就是独立完成认识过程的第一个循环，即最初的感知、识记与理解。有不少学生不重视预习，甚至从来不预习，这就等于取消了认识的第一个循环过程，而把一、二两个循环过程都压到课堂学习中去完成，其学习效果自然就不太理想。所以，要学好新功课，一定要按照要求做好感知这一阶段的工作。在这个阶段里，教师与学生的主要活动如图 7-2 所示。

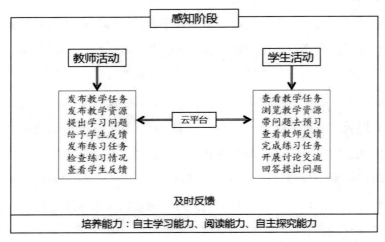

图 7-2　感知阶段的主要活动

微动教学法与其他教学法不同之处就是在每个阶段都明确培养学生具有的能力，强调在课堂上有计划、有意图地培养学生具有的能力，通过精心设计课堂各个教学环节，引导学生自主地完成一些任务，从而实现培养学生的能力。在感知阶段，主要培养学生以下能力。

1. 自主学习能力

课前，任课教师通过教学云平台给学生发布学习任务，组长负责提醒本组同学对新课内容进行感知，通常根据教师的要求阅读有关课件、视频和资料，长期的提前感知能帮助学生养成自主学习的良好习惯，对培养学生的自主学习能力有较大的帮助。有关自主学习能力的培养，任课教师要在整个教学过程中有计划设计一些环节，可通过教学云平台引导学生自主学习，上课时介绍有关感知的技巧，增强学生学习的自信心，如提醒学生利用教学云平台查看相关文章、微课和其他学习资源，在课外进行自学与感知，自学的过程会增进学生的成就感和自信心，增强他们的学习热情，为课堂教学做好充分的准备。

2．阅读能力

在感知阶段，教师要注意培养学生的阅读能力，因为通过阅读，学生有可能把读物的语言变成自己的语言，把读物的思想变为自己的思想，因此，培养学生的阅读能力就是培养以思维能力为核心的综合能力。教师应给学生系统地讲授有关阅读的知识、方法与技巧，以激发学生的阅读动机，促进阅读习惯的养成。每次授课前，教师应提前布置相关内容的阅读任务，学生可通过互联网查看相关的文章或书籍，教师可根据授课内容给学生提出问题，让学生带着问题去阅读，为课中分组讨论与抢答打下良好的基础，长期要求学生课前阅读，对培养学生的阅读能力有很大的帮助。

3．自主探究能力

在感知阶段，任课教师要有意图引导学生对新知识或新问题进行自主探究，以激发学生的学习潜能，这有利于培养学生可持续发展能力，也有利提高学生逻辑思维能力。在课前，教师可提出一些具备开放性和探究性的问题，给学生创设一个良好的探究知识的机会。学生可以通过网络开展小组讨论，对问题进行深入的探讨与分析，对上课内容有初步的了解，如果讨论没有达成一致的看法，学生可持自己的观点，上课后再把自己的想法说出来，在实验中加以验证。长期培养学生习惯于课前自主去琢磨一些问题，对培养学生的自主探究能力有很好的促进作用。

二、设计阶段

微动教学法的设计阶段按照教师布置的任务进行设计，学生可根据任务的要求，在感知资料的基础上，利用自己掌握的知识进行设计。设计的主要思路是根据课程教学目标，对知识类和技能类教学内容进行设计，教学内容主要有产品、作品、主题、例题、事件、课题和项目等，设计形式主要有方案、问题和任务等。对产品和作品方面的设计，教师要求学生通过小组讨论，发表自己的设计观点，触类旁通，引发思考与联想，形成设计的思路，从模仿到创新不断深入进行设计，最后形成设计方案，对于主题、例题、事件、课题和项目等，教师提出核心问题或者任务，学生针对问题或者任务展开小组讨论，经过小组成员头脑风暴，达成相关的问题或者任务，然后各组分类汇总相关的问题或者任务，提出一个具有代表性的问题或者任务，最后针对代表性的问题或者任务，每位学生独立提出解决问题或者完成任务的措施。

对于设计阶段，学生要遵循五个原则：一是主体性原则，课堂是学生学习的主要环境，教师上课的过程中要体现学生的主体性，目的是调动学生的学习积极性，提高学生的学习兴趣，鼓励学生共同参与、主动参与、积极参与，学生学习过程中需要教师的帮助，教师的引导决定着学生学习的方向、内容等，师生配合，创造生动形象的课堂；二是启发性原则，在设计教学活动时，教师需要了解学生对与本节课相关知识的掌握情况，在此基础上找到学生感兴趣的点，启发学生，让学生主动参与到教学活动中来，也让学生学会思考问题，在参与的过程中，不管学生对与错，教师都要鼓励学生，让学生对自己的学习更有自信；三是实用原则，当教师布置学习任务之后，组长组织学生进行讨论，各自发表对问题解决的看法，然后根据各自的经验与思路设计解决方案，设计的方案要符合实际要求，具有可操作性、贴近生活，实用性强；四是创新原则，对于方案的设计要有一定的创新元素，首先要了解已有的类似方案，组织本组学生查阅相关资料，在了解相关知识的基础上进行设计，要充分发挥学生的想象力，鼓励学生突破传统的设计理念，突破常规的设计方法，在原有设计基础上大胆设想与创新；五是技术规范原则，所设计的方案应符合相关技术要求，能按照技术规范流程设计具体实施步骤，所使用的技术先进、可靠，与时代发展的技术要求相适应，如在程序设计方面，要解决一些实际问题而设计的程序，应按照编程语言的技术规范与要求编写程序代码，这样编写的程序运行才能高效稳定，便于维护与升级。

设计阶段是课堂高效的生长点，在课堂教学中，同样的教学内容，如果教师在设计时呈现方式如角度、时间、次序等不同，引起的教学效果可能完全不一样。在设计时首先要明确设计目标，然后再考虑如何设计问题，哪些问题是让学生个体思考的，哪些问题是需要学生分组讨论的。设计时必须紧扣教材重点与难点知识，呈现清晰的设计思路，从纵向与横向的知识点综合考虑。要有设计的走向，体现出问题之间的内在联系，最好能承上启下、拓展延伸、前后呼应、环环相扣。

问题要有一定的思维容量，有思考价值，不应是简单的一问一答。在这个阶段里，教师与学生的主要活动如图 7-3 所示。

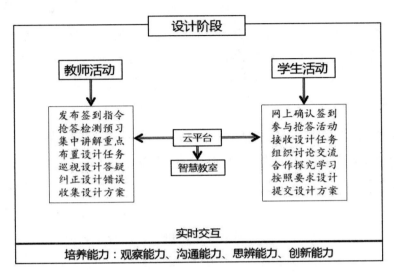

图 7-3　设计阶段的主要活动

在这个阶段里，教师教学针对性要强，有意图从上课开始，引导学生充分发挥个人的想象力，团结协作，设计出解决问题的好方案，设计阶段主要培养学生具有以下能力。

1. 观察能力

任课教师在上课时把学习问题（或任务）提出来，让同学们分成几个小组各自去解决问题或者完成任务，面对陌生的问题或者任务，教师要引导学生从仔细观察开始，调动各种感官进行观察，如对观察的事物的本质有全面的了解，所写出的人物、景物生动具体、栩栩如生。要围绕观察的目的寻找观察点，有针对性地培养学生的良好观察习惯，培养学生的观察兴趣，只有引导学生掌握观察的方法，才能激发学生的好奇心和求知欲。掌握了观察能力，对问题或任务的设计才更加全面，设计的步骤更加符合实际、可行。

2. 沟通能力

在设计阶段，不论是解决问题或者完成任务，教师都要引导学生在查找相关资料的基础上开展充分的沟通与讨论。首先，教师与各组长之间进行详细的沟通，然后各组长与小组内的组员进行沟通，组内的组员之间也要进行沟通，针对问题或者任务发表各自的看法，为解决问题达成共识打下良好的基础。教师要有意图地促进学生之间互动，让学生明确解决问题之前必须先进行沟通，养成良好的沟通习惯。通过沟通增进学生间的了解，培养学生遇到难题时会借助外力协同解决问题的习惯。教师要注意培养学生掌握沟通的原则与技巧，让学生学会倾听与交流。

3. 思辨能力

教师在设计阶段要根据教学的重点和难点巧妙设计一些问题，引导学生进入思辨的情境中，借助已有的经验与知识，围绕核心问题开展小组讨论，鼓励质疑，疑中有辨，让学生在质疑中畅所欲言，从引领学生有效质疑出发，针对质疑情况梳理出有价值的问题供学生思辨与对话，运用多种教辅手段，给学生带来更多生动讲解与案例展示，使课堂创造更多的思辨机会，在教学的过程中，可通过提出问题和假设、根据问题找数据、分析数据、检验假设的真伪和解释分析检验结果等环节培养学生的思辨能力。

4. 创新能力

在引导学生对解决问题进行设计时，首先，要顺应学生的个性化需要，给学生创设一种自由发展的空间，让学生在课堂中主动参与、自由发展。其次，要注重培养学生的个人兴趣，因为只有学生感兴趣才有创新的希望，要始终致力于激发学生创新的兴趣，增强思维的内在动力。最后，要关注学生的好奇心，只有学生具有强烈的好奇心，才有可能发挥学生个人的想象能力，刺激他们的创造力。以上这些都对培养学生的创新能力有很大的帮助。

三、实施阶段

当学生完成了感知阶段和设计阶段的任务后，接下来就是进入实施阶段，在这一阶段里，教师要告知学生按照设计的方案去检验与实施。首先，要求明确实施的目标，因为实施的目标也是教学的目标，是教师计划在课堂上完成的主要任务，一般来说，课堂教学目标是课程目标细化与分解的一小部分，可以从知识与技能、过程与方法、情感态度价值观等方面来考虑如何实施，通过课堂一系列活动来实现目标。然后，要求分组和合理分工，明确每个成员的任务，任课教师要考虑如何调动学生自我管理的积极性，开展小组合作式学习，由组长负责组织实施，共同完成任务，使学生在讨论过程中情感得到交流，能力得到培养，并学会沟通与交往。在这个阶段里，教师与学生的主要活动如图 7-4 所示。

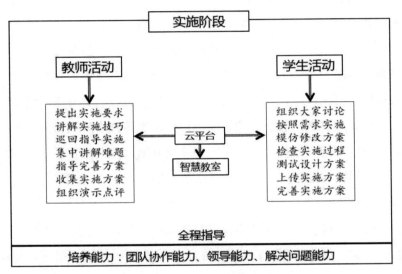

图 7-4　实施阶段的主要活动

在这个阶段，教师要引导学生按照实施的要求，在组长的带领下，各自行动，自主去完成任务，遇到困难的时候要报告组长，或者与组员讨论解决，或者请求其他组的同学来帮忙，发扬团结协作的精神，共同完成实施任务。这个阶段教师要有意图培养学生以下能力。

1. 领导能力

教师布置实施任务以后，组长负责组织本组的同学去完成。在实施过程中，教师要考虑如何给学生提供充分发挥自我管理、自我展示的舞台，引导各组去实施、检验与测试。首先，组长要带领组员对实施任务开展讨论与交流，大家统一思想，按照设计方案去实施，教师充分发挥组长的作用，支持组长独立开展工作，让他想方设法调动每位同学的积极性，发挥大家应用的作用，组长对实施任务要进行分解，根据每个学生的特长与爱好合理分工，要积极谋划如何尽快完成教师交给的任务，每位组员要管理好自己，听从组长的安排，然后各自独立去完成任务，这对于培养学生的领导能力有较大的帮助。

2. 团队协作能力

在实施阶段，任课教师要注意培养学生团队协作能力，因为学生以后到企业工作，绝大多数的任务都是多人来完成，而多人协作完成一个任务要考虑各自的作用如何发挥才能顺利完成，首先，要培养学生具有团队的意识，让他们明白团队意识的基础就是人际关系，要注意搞好团队间的关系，教师可以通过与学生互动，如当问问题时，一个组员回答不了，另一个同学可以补充，这样可以培养学生的团队意识；其次，要培养他们具有团队精神，让他们具有集体的荣誉感，可通过建立团队激励机制，促进他们之间的协作，当遇到难解决的问题时，组员间相互鼓励、换位思考，站在对方的角度来感受问题，为实现目标而共同努力。当有些团队率先解决问题时，教师要及时给予表扬。

3. 解决问题能力

在实施中，任课教师要有目的地培养学生解决问题的能力。首先，培养学生具有问题的意识，鼓励学生质疑并提出有价值的问题；然后，引导学生学会了解题意，抓住解决问题的条件，从多角度去考虑如何解决问题，鼓励学生运用已有的知识去联想、推测、探究，从不同角度去寻找解题思路，引导学生独立获得解决问题的方法。对不同的任务，在实施中有不同的解题方法，要在实践中不断总结经验，使学生明白通过分析、归纳与推理，可以找到解决问题的方法与途径，这有助于提高学生的分析能力和解决问题的能力。

四、述评阶段

当实施完成后，每组都要推荐代表陈述整个学习任务完成的情况，并进行自我评价。根据约定，各组都轮流推荐代表陈述，从课前感知开始、设计阶段人员分工、合作完成设计任务和如何组织实施等方面进行汇报。重点汇报遇到的问题，采取什么方法去解决，哪些同学率先完成任务，哪些同学去帮助别人，对运用的技术、主要创新点和存在的问题也进行汇报，同时，对小组的每位同学所完成的情况进行评价。任课教师听完汇报后，即可对每位学生进行打分，并对全组同学所完成的情况进行总结。在这个阶段里，教师与学生的主要活动如图 7-5 所示。

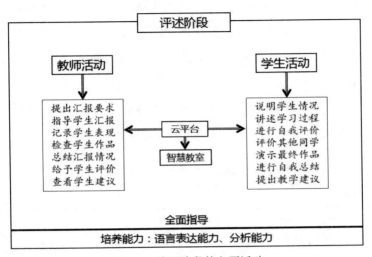

图 7-5　述评阶段的主要活动

在这个阶段，主要培养学生以下能力。

1. 语言表达能力

述评阶段采用小组轮流陈述与评价，每位学生都有机会对本组完成任务情况进行汇报。任课教师要有意图引导学生不断提高个人的口头表达能力。首先，让学生明白语言表达能力不是天生就有的，而是经过后天的训练沉淀出来的，尤其取决于个人思维的敏捷度和清晰度；然后，为学生营造一个和谐的语言环境，要多表扬、多鼓励，消除学生的心理障碍，增强学生的自信心。每次汇报前，先在小组内讨论交流，形成统一的意见，这样汇报效果会更好，对小组每位同学的评价会更加公正。教师要民主平等地对待每一位学生，用爱关心学生，重视每位学生的表现，鼓励每位学生的点滴进步，要求每次汇报后大家要进行反省，查找有哪些进步，还存在哪些不足，为下一次学习提供好的经验。在教师的指导下，每次陈述思路将会更加清晰，表达会更加顺畅，经过反复训练，对提高学生的语言表达能力会有较大的帮助。

2. 分析能力

在实施过程中，每位学生都有可能遇到一些问题不知如何解决，在述评阶段会提到这些问题，教师要针对这些问题教会学生如何去分析与解决。首先，引导学生学会观察、洞察问题的本质，然后查找问题的根源，最后寻找解决问题的办法，按照这样的思路去分析问题，抓住问题的关键来思考与联想。如果学生汇报过于简单，教师要提醒学生如何去总结与分析，如何谈谈体会与收获，并对下一次课如何做好准备谈谈个人的看法。此外，教师可教会学生绘制思维导图，教会学生抓住问题的关键，分析问题清楚、到位，使学生养成归纳、总结、分析的思维习惯。

教学过程各阶段的具体操作见表 7-1（以两节课为例）。

表 7-1　教学过程各阶段的具体操作

步骤	时间分配	具体行动	目的
感知	课前或者课上 15 分钟	1. 引导学生通过云平台阅读指定资料、看视频、课件等。 2. 带着问题去预习。 3. 网上组织讨论。 4. 了解学生已有知识。 5. 通过云平台检查计分	1. 明确学习重点。 2. 查找疑问，梳理知识。 3. 培养自主学习能力、阅读能力和自主探究能力。 4. 唤起兴趣
设计	30 分钟	1. 根据教学目标，对教学内容（作品、产品、专题、课题、主题、项目和例题等）进行讨论。 2. 利用已有的知识设计问题、任务，并上传。 3. 展示、分享与点评。 4. 讨论、修改与完善设计方案	1. 达成设计共识。 2. 独立设计，发挥个人聪明才智。 3. 培养观察能力、沟通能力、思辨能力和创新能力。 4. 设计完善的方案
实施	35 分钟	1. 根据设计方案，组织讨论，合作探究实施。 2. 模仿、解决问题。 3. 检查、测试。 4. 组长根据组员表现计分	1. 根据方案去实施。 2. 培养领导能力、团队协作能力和解决问题能力
述评	20 分钟	1. 各组轮流推荐代表汇报。 2. 展示学习成果。 3. 认同学生的进步。 4. 互相评价、教师评价	1. 了解学习情况。 2. 总结经验，使下次更好完成。 3. 培养语言表达能力和分析能力

第三节　教学过程的管理

随着计算机信息化、大数据、云计算以及互联网技术的不断发展，教学中应用教学云平台进行管理越来越普遍，人们通过教学云平台组织教学活动，使课堂教学更加有趣，教学效果更加明显。

教学云平台以教学、运行、监控为主线，实现教务工作事务性管理和战略性管理的相互叠加，满足学校培养过程管理、教学质量检查、教学工作评价、教学业绩评价、教学改革发展等战略性需求。平台一般都包括教师管理模块、学生学习模块、教学评价模块等。平台以学生为中心，营造一个个性化、智能化的网上学习环境，尽管目前的网上教学云平台在某些方面功能还比较薄弱，但是，代理技术、数据挖掘技术的快速发展，已为解决问题、提高系统性能提供了可能，教学中利用计算机信息化技术手段更加普及。

微动教学管理云平台依托信息化技术手段，采用基于 B/S 结构设计与开发，学生只需要在浏览器上或微信上打开相应的网址就能进入系统登录页面，学生可在系统上完成指定的阅读任务，参与学习讨论等，可根据时间查询作业并进行下载和提交。教师可登录进入对应教师操作界面。在该界面发布学习任务，引导学生自主学习，对学生作业进行布置和批改。教师通过这个云平台对教学过程的四个阶段进行管理，引导学生去学习、讨论与测试，记录学生的学习过程，给学生的学习进行公正评价。平台提供了师生之间、生生之间相互交流与合作学习的机会，较好地实现了资源共享，调动了学生学习的积极性，改变了教师在传统教学中所占的地位，使因材施教成为可能。

第八章 教学管理云平台的设计与实践

随着计算机技术的快速发展，计算机技术在教学中的应用越来越广，高校教学管理、改革、诊改等都需要网络管理云平台的支撑，没有计算机技术的支持，高校的现代化建设与管理就无从谈起。如学生学习专业课程方面，由于专业术语、概念、定律、定理较多，理论性强，学生不感兴趣，学习难度大，在教学过程中，教师通常是先将课程相关知识传授给学生，然后再进行验证性实验，课堂教学与学生实验操作分离，课程缺乏吸引力，难以激发学生的学习积极性，导致教学效率低，难以达到预期教学目标。建设教学管理云平台，利用多媒体信息技术手段使课程中概念、定律、定理表现得更为直观、形象、生动，使课程内容变得更加具体化和形象化，降低了学生学习难度，较好地提高学生学习的兴趣。另外，建设教学管理云平台是解决学生学习差异化的途径。学生自学能力较弱，学生的知识基础存在着差异化，学习能力差别也较大。在课程教学中，教师往往采用"一刀切"的教学内容进行教学，学生始终处于被动地位，使得部分学生未能跟上教师的讲课节奏，造成学生上课无法专心听讲。建设教学管理云平台，为学生提供多层次、多形式的教学内容和教学资料，使学生能根据自己的弱点选取合适的时间进行适当的补充和复习，通过"线上学习"来弥补"线下教学"的不足，从而使学生更好地深入学习，满足学习者个性化发展和多样化发展的需求。

第一节 教学管理云平台的设计理念

在这个几乎人手一部手机的时代，传统的教学也发生着翻天覆地的变化。现在的学校课堂也逐渐智能化，越来越多的青年教师将智能手机、平板电脑等移动智能终端设备应用在课堂教学中，使传统课堂变得可视化。教学管理云平台功能强大，能为移动智能终端在教学中的应用提供良好的环境，在课前，教师可以通过云平台布置教学任务，提前发布预习通知，学生可利用自己的手机端查看教师布置的任务，通过云平台浏览教学资源，按要求完成预习任务。课中，教师可通过线上线下组织小组讨论，在课堂上提问，让学生抢答，通过作品展示、弹幕互动等功能了解学生的学习状况。对于一些学习能力较弱的学生，教师可以通过课外推送，让学生提前预习和及时复习，都可以达到与其他学生相同或相近的水平，从而提高学习效率。同时，教学云平台能真实记录学生的学习情况，支持签到，随机点名考勤。随着教育教学改革的不断推进，教学信息化将随处可见，移动智能终端在教学中的应用就会越来越广泛。

教学管理云平台是基于云计算技术的一种高效、便捷、实时互动的远程教学课堂形式。用户通过云平台参与课堂，实现全面的远程同步和异步课堂学习，多人异地同时在线交流互动，打破时空限制，实现教与学优质资源共享和零时差互动，云平台的设计理念主要包括以下几点。

1. 先进性

教学管理云平台可采用业界主流的云计算理念，采用虚拟化、分布式存储、分布式计算等先进技术，确保先进技术应用有效，满足课堂教学的需要。利用教学管理云平台管理教学活动，能充分利用好课前、课中和课后的时间，能为教师减负，也有效提高教学管理水平和教学质量。

2. 成熟性

在教学管理云平台建设方面，要开展调查研究，充分考虑采用各种成熟的技术手段，实现教学过程所需的各种功能，保证平台的良好运行，同时，平台设计要考虑教师与学生的使用习惯，让教师与学生操作方便，使用顺畅，这样才能提高它的使用率，体现它的成熟性。

3. 开放性与兼容性

为提高教学管理云平台的使用效率，开发时要考虑它的开放性与兼容性。应采用开放性架构体系，能够兼容业界通用的设备及主流的操作系统、虚拟化软件和应用程序，降低平台开发运营维护等成本，这样比较容易实现后续的扩容。

4. 可靠性

教学管理云平台提供可靠的计算、存储、网络等资源，系统需要在硬件、软件、网络等方面考虑适当，避免单点故障，保证平台的可靠运行，整个平台的技术先进、可靠。随着教学资源的增加，用户数量的扩大，要考虑它的容量与承载能力。

5. 安全性

教学管理云平台根据教学需要以多个网络分别连接，要防范网络入侵攻击、病毒感染。同时平台资源共享给不同的系统使用，要保障不会发生数据泄露。因此平台要在各个层面进行完善的安全防护，确保信息的安全和私密。

第二节　教学管理云平台设计

在教学管理云平台中，师生主要通过移动设备进行教学，可通过移动设备观看视频、讨论问题、学习与交流，移动设备已成学生学习与交流的重要工具。在建设教学管理云平台时，应考虑借助移动互联网的强大技术支持，实现教师备课、学习资源、课程作业（考试）、师生交流、学生考勤等信息化，平台可包括课程管理、学习中心、教学中心等移动交互功能。平台开发过程中采用对象模块化的设计模式，使程序具有较强的可扩展性，同时各模块间相对独立，方便管理和维护。参与使用该平台对象分别有学生、教师、管理员。因此，该平台分为三个对象模块：管理员模块、教师模块和学生模块。管理员、教师、学生因角色不同分别具有不同的角色权限。教学管理云平台主要目标是建立移动教学门户，为师生提供有效、便捷、多样化的学习环境，整合教学大数据资源，提高教学水平与质量。教学管理云平台总体设计如图8-1所示。

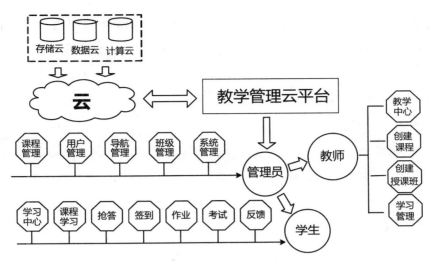

图 8-1　教学管理云平台总体设计

一、教师模块

　　教学管理云平台中教师模块主要实现教学中心、创建课程、创建授课班与学习管理等功能。教学中心是教师管理教学活动的主要模块，创建课程用于教师添加新课程或者调整课程，创建授课班可将自己授课班级添加到班级管理中。学习管理是指对作业、考试、学生、签到进行移动云管理，实现对学生学习的全部管理。教师模块的组织结构如图 8-2 所示。

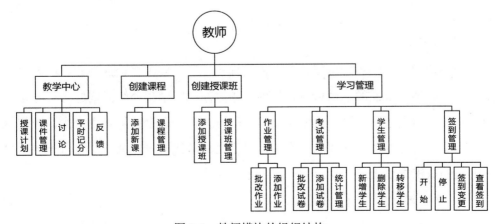

图 8-2　教师模块的组织结构

教师模块有多个子功能模块组成，常用的有授课计划、课件管理、签到管理、讨论、平时记分、作业管理、考试管理、统计管理等功能模块，各模块介绍如下。

1. 授课计划

授课计划是教师中心的一个重要模块，同时显示在教师端和学生端中，是任课教师根据专业教学计划和教学任务编写的，通常把一个学期某门课程的授课时间、教学重点、教学目的和要求等写在其中，任课教师将根据授课计划的安排进行教学，学生可通过授课计划查看上课的进度安排以及上课的要求等。

2. 课件管理

课件管理是任课教师根据课程教学大纲的要求、教学目标和教学内容制作的PPT或者文档等，通常制作的PPT为多媒体课件，是经过严格的教学设计，并以多种媒体的表现方式和超文本结构制作而成的课件，任课教师可以提前一到两周把即将上的课程课件直接导入平台，让学生提前观看，形成初步的感知。

3. 签到管理

通常是开始上课后几分钟内进行签到，检查每次课学生出勤的情况，只要任课教师单击"开始"签到按钮，学生摇一摇手机就可以签到了，教师单击"停止"签到按钮即可结束签到任务，考勤签到可以在课中或者在课结束前几分钟进行，系统会读取学生所在位置，确保学生不是在远程签到，每签到一次都会给予积分。

4. 讨论

在讨论模块中，教师可根据教学内容提出一些让学生讨论的问题，问题可以是有关基础知识方面的，也可以是扩展知识方面的，学生分组对问题进行讨论，由组长负责组织组员讨论，采取轮流发言的方式，把自己的意见说出来，互相启发、集思广益，发挥集体智慧的作用，最后达成解决问题的共识，这对于共同提高大家的认识有很大的帮助。

5. 平时记分

平时记分是指教师在上课的过程中根据学生的表现记分，如根据某个任务或者问题，给学生设置一些提问、抢答、总结等，教师根据学生完成的情况给予记分，可在手机移动端平台上记分，学生随时都可查看自己的积分，表现较好的同学，教师在课堂上表扬，并直接给予加分，表现不好的同学，教师当堂指出，直接扣分，奖罚分明。建立奖励机制，调动学生学习的积极性。

6. 作业管理

作业管理是任课教师根据课程教学计划的要求，对课程相关的知识点编写一些练习题，提前导入到平台中，每上完一个章节的内容，系统自动提醒学生去完成作业，如果学生完成了作业，平台会给予一定的积分，否则，不完成指定的作业，平台会扣掉相应的分值，并通知学生下次注意完成作业，以免影响自己的学习进度。

7. 考试管理

考试管理包括添加试卷、批改试卷和统计成绩。任课教师根据课程教学大纲、教学目的编写试题库并导入平台中，平台按照题型自动组题，通常在期末生成几套题给学生自主进行测试，任课教师根据教学进度提醒学生登录系统进行测试，也可以在课堂上统一进行现场考试，也可以由学生在课后自主考试，考试所得分数按比例加入平时成绩。

8. 统计管理

统计管理是指把学生个人在平台上所完成的各项任务获得的积分以及教师在上课过程中根据学生表现给予的积分进行统计。通常平台上的任务主要有浏览课件、抢答、讨论、签到、考试等，学生的表现主要有帮助同学解决问题、作品演示、回答问题、汇报、不良表现等，每一项的分数都按一定的比例设定，学习结束后平台自动统计积分，并计入个人的平时成绩。

二、学生模块

在教学管理云平台中，学生通过身份认证就可以登录进入学生界面，可查看资料、看视频、做练习、交流信息、录音录像、观看直播课堂等。学生模块主要包括学习中心、课程学习、签到、抢答、作业、考试和反馈等功能模块。学习中心是学生学习的重要模块，学生登录后可查看学生所在的班级、所学的课程列表和课程授课计划，课程学习包括课程简介、课程播放和课件管理，签到包括摇一摇签到和签到记录，抢答包括问题描述和抢答，作业和考试都设有专区，反馈有授课评价。学生模块的组织结构如图 8-3 所示。

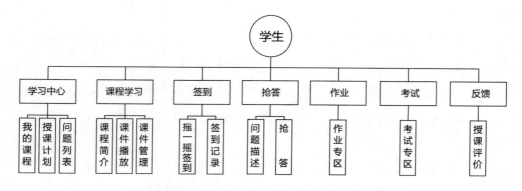

图 8-3　学生模块的组织结构

学生模块主要包括的子模块有我的课程、问题列表、课件播放、签到、抢答、作业、考试、反馈等。各模块功能介绍如下：

1. 我的课程

"我的课程"是学生中心的第一个子模块，它主要对课程进行详细介绍，介绍的形式有文本和视频两类，同时存放课程的相关资源，如相关的文章、案例和PPT 等。学生平时可通过"我的课程"了解自己学习的情况，根据自己的爱好选择学习的重点。

2. 问题列表

问题列表是教师根据授课内容提出一些具有代表性的问题以列表的形式呈现，目的是提前让学生带着问题去预习、去讨论，在课前对问题形成初步的解决思路，在上课过程中把自己的想法与教师的想法相比较，找出解决问题的共同点和不同之处，加深对问题的理解。

3. 课件播放

课件播放是存放课件资源的页面，可通过单击播放按钮就可以观看课件内容，也可以自由选择播放信息，方便缺课的同学课后补看课件，自主学习跟上全班的学习进度。

4. 签到

学生进入教室，上课铃响后几分钟内由教师统一发出签到指令，学生点击签到按钮，系统将自动检测是不是本人，并记录定位，然后弹出"签到成功"，表明签到有效，即可得到积分，否则，被当成迟到或者旷课处理，可根据学生到课情况进行改动。

5. 抢答

在上课的过程中，任课教师针对上课的内容临时提出一些问题，提醒学生做好准备抢答，当教师发出抢答指令以后，学生单击"抢答"按钮进行抢答，如果回答正确，教师给予表扬、点赞，系统自动给予加分，如果回答不正确，也不扣分，系统自动进入下一个问题抢答。

6. 作业

任课教师根据课程教学计划的要求，对课程相关的知识点编写一些练习题，并提前导入到平台中，每当上完一个章节，系统自动提醒学生去完成，如果学生按时完成作业，将得到一定的积分，如不完成指定的作业，将扣掉相应分值。

7. 考试

考试是指考试专区，主要包括试卷列表、试卷提交和考试成绩。学生根据课程教学大纲和考试要求，在期末选择几套试题自主进行考试，任课教师会根据教学进度提醒学生做好准备考试，可在课后自主考试，也可在教室统一考试，考试所得分数按比例记入平时成绩。

8. 反馈

每当上完一次课后，系统会提醒学生进行评教，学生要进入评教专区把教师上课的情况进行简单描述，重点把上课的优点、存在的缺点进行反馈，让教师及时了解自己上课的情况，以便在下一次课中改变存在的缺点，提高上课的满意度。

第三节　教学管理云平台的特点

一、教学的开放性

教学管理云平台是移动教学平台，它的课堂教学模式从单一封闭的模式转变为师生实时互动的开放式教学模式。教师可有选择性地利用云平台现有的教学资源丰富教学内容，对学生开展多方面的教学。除了课堂教学时间，教师还可以发布课外学习资源，打破学生学习时间和空间的限制；学生可以充分利用课外时间进行个性化学习，教学时间延伸到了课外，有利于学生自主学习能力和综合素质的培养。

二、教学的互动性

教学管理云平台可以实现多层次的交互性活动。在云平台上，教师、学生、和学生小组三者之间可以进行多层次、多维度的互动交流，以学生为交流主体，教师引导，切实有效地发挥学生的主体作用。教学云平台提供给学生一个互动交流的空间，不善于口头表达的学生也乐于进行多层次的互动交流，发表自己的观点，教师更便于掌握学生的思维动态和学习状态，教学进度比较容易把握。

三、学生发展个性

素质教育以促进学生身心发展为目的，不可忽视学生的个性化成长，学生的兴趣和爱好会影响学生的发展。利用教学管理云平台，可以弥补传统教学模式通识性教育存在的不足，根据不同学生学习能力的不同，提供多种学习资源，学生可以按需学习，教师可以个别指导。教学资源的难度是分层的，学生的学习选择面就广了，基础薄弱的学生可以巩固提升，学习较好学生可以进阶提升，满足学生的个性发展需要。开放性的教学模式有利于学生个性学习和教师分层指导，对提升学生的综合能力有较大的帮助。

四、学生学习主动

在实践应用中发现，引入学习积分后，学生参与教学活动的积极性有较大提高，他们对这种学习方式兴趣高，学习主动，拓宽了自己的学习面。教师通过教学管理云平台可以对学生学习活动进行评分，迅速掌握学生的学习进度，对错误率较高的知识点进行诊断与评价，同时，云平台自动产生的数据分析结果，可以用于引导学生自主学习，帮助教师调整教学计划，选择教学内容适合学生的实际需求，有效调动学生学习的积极性。

五、数据分析有效

教学管理云平台数据分析可以覆盖学生的学习行为，除了学习结果分析外，这个数据可以对学习过程数据进行分析，如阅读资料时间长短、自主参加测试情况、网上讨论问题的情况等，帮助教师及时诊断教学问题所在，及时改进教学安排，提高课堂教学活动有效性。利用云平台，教师可以随时查看学习任务完成情况，掌握学生所获得的学习积分，因为学习积分能充分反映学生的学情，同时，数据分析还能正确评判班级学生学习的整体效果，为教师诊改教学提供有力支撑。

第四节　微动教学法利用云平台管理教学过程

微动教学法利用教学管理云平台配合教师进行课堂教学，一个完整的课堂教学活动主要包括课前导学阶段、课堂教学阶段、课后总结阶段。其中，课前导学阶段主要包括任课教师上传教学资源、发布学习任务、提出要解决的问题和查看学生学情等；课堂教学阶段主要包括任课教师发出签到指令、讲解重点难点、布置学习任务、学习过程指导、主持各组汇报和录入学习积分，这个阶段利用线上线下混合式教学模式，部分使用云平台进行教学；课后总结阶段主要包括任课教师查看学生完成学习情况、总结教学经验和评价学生学习情况。对于学生来说，这三阶段有不同的任务，如在课前导学阶段主要完成查看授课计划、阅读教学资源、带问题去学习和组内讨论交流等，在整个教学过程中，有时候用云平台，有时候用传统的教学方法。教学活动各阶段教师与学生的主要工作任务见表 8-1。

表 8-1 教学活动各阶段教师与学生的主要工作任务

学习阶段	学习方式	教师	学生
课前	利用云平台	上传教学资源	查看授课计划
		发布学习任务	阅读教学资源
		提出解决问题	带问题去学习
		查看学习情况	组内讨论交流
课中	面对面教学 利用云平台	发出签到命令	单击签到确认
		重点难点讲解	集中精力听课
		布置设计任务	讨论学习任务
		学习过程指导	设计学习任务
		主持展示分享	学习领会借鉴
		随堂指导解答	完善设计方案
课后	利用云平台	查看学习情况	参加系统测试
		总结教学经验	上课效果评价
		审核最终成绩	校对学习成绩

各阶段教学活动具体情况如下。

课前，任课教师通常通过教学管理云平台做好四项工作：一是上传教学资源，二是在平台上发布学习任务，三是提出要解决的问题，四是通过平台查看学习情况，了解学生课前准备的情况。学生课前也要做四个方面的准备：一是查看授课计划，二是阅读教学资源，三是带问题去预习，四是组内小组讨论交流，初步形成解决问题的共识。

课中，任课教师给学生讲解上课的重点难点，检查学生带问题去预习是否把问题弄清楚了，让已领会的同学讲解，与大家分享学习心得，激发全班同学的学习兴趣，接着开始布置学习任务，由组长组织讨论，形成解决问题的方案，如遇到困难的时候，先在组内进行头脑风暴，达成解决问题的共识，当组内同学掌握所学的知识后，就可组织学生针对学习任务进行设计，教师要求率先完成设计的学生上传作品到平台，以便大家分享与交流，然后每位学生修改自己的设计方案并组织实施，最后各组轮流汇报，任课教师根据学生汇报的情况给予评分。

课后，任课教师登录云平台查看学生的学习情况，对积分较少的学生进行提醒，让他们在下一次课前做好充分准备，争取得到更多的积分。同时，任课教师查看学生反馈的意见与建议，针对学生提出的意见进行改进，使课堂教学质量不断提高。

第九章 微动教学法对学生能力培养的要求

　　能力培养是人才培养的终极目标，微动教学法根据这一目标的要求设定整个课堂教学过程，使课堂教学关注每个环节的着力点，把精力聚焦于能力的培养。教学过程的每个阶段都明确培养学生对应的能力，教学计划的构思、教案的编写以及教学活动的设计都要把能力的训练安排其中。在实际的教学中有计划去引导学生通过一些特定的教学环节逐步完成能力的培养。除了明确要培养的能力外，教师还可根据上课的情况灵活调整教学内容培养学生具有其他通用的能力，整个课程的教学始终把能力的培养作为教学的首要任务。每个阶段的能力培养如图 9-1 所示。

图 9-1　各阶段的能力培养

第一节　感知阶段对能力的培养要求

　　感知阶段是学生上课前根据教师的安排对即将上课的内容进行预习的阶段，通常是按照教师在教学云平台上发布的任务去准备，一般情况下是在组长的组织下进行预习，对一些较难理解的问题，组长要组织组员进行讨论，通过线上召开讨论会，让每个组员都发表自己的看法，初步形成解决问题的共识。此外，个人还要去阅读相关的学习资料，如课件、视频、文章和其他评论等，对即将授课的内容有深入的了解，为上课进行设计或者回答问题做充分准备，只有这样提前准备，做到胸有成竹，才能较好地参与课堂的讨论，较快地完成教师交给的学习任务。在这个阶段里，学生自己安排预习时间，自主去探究学习内容，在课前完成指定的预习任务，感知阶段主要培养学生具有以下能力。

一、自主学习能力

"学习就是学习如何学习"，就学校教学来说，学生是学习的主体，教师是教学的引导者。学生的"学"和教师的"教"是相辅相成的，教师的"教"在学生的一生中显然重要但是相对短暂，而培养学生自学能力却是长久受用的本领。将来学生走出校门走进社会，主要还是靠自学能力去获得知识，增长才干，解决实际问题，所以我们的教学要把学生的主动权交给学生，授之学生学习的方法，培养学生自主学习的能力。

微动教学法倡导在课堂教学前，教师通过教学云平台给学生发布学习任务，各组长提醒本组学生对即将上课的内容进行感知，学生根据教师的要求，阅读有关课件、文章和资料，久而久之就会养成自主学习的良好习惯，这对培养学生自主学习能力有促进的作用。在感知阶段要实现提高学生自主学习能力，任课教师要有意识地引导学生对学习内容进行主动感知，给予学生介绍自主学习的技巧，增强学生自主学习的自信心。如提醒学生利用教学云平台查找相关文章、微课和其他资源，提前全面感知有关内容，这种自主学习过程能增进学生上课的成就感，当课堂上他们的理解与教师讲解相吻合时，他们学习的自信心会更强，从而激发他们的学习热情，这些方法都对培养他们的自主学习能力有较大的帮助。

二、阅读能力

在感知阶段，教师还要注意培养学生的阅读能力，因为阅读能力对于一个学生来说极为重要。培根曾说过这样一句话："读史使人明智，读诗使人灵秀。"这句话通俗点讲就是阅读让人变得更加聪慧，这种聪慧可体现在学习上，可以让学生更容易地理解教师讲课的内容，做题时更轻松地审题解题，可见，提高阅读能力对于一个人做事成败与否至关重要，教师要让学生学习专业知识更扎实更有成效，就要高度重视培养学生的快速阅读能力。同时，阅读能力是有效学习与适应生活的关键能力，必须引起教学团队的重视，教师要在整个教学过程中有计划去培养与提高，可开设一些专题辅导，系统地讲授有关阅读的知识、方法与技巧，以激发学生的阅读动机，促进阅读习惯的养成。

每次授课前，教师在教学云平台上公布需要阅读的相关内容清单，让学生通过互联网查找相关的文章或书籍进行阅读，给学生提出一两个问题，让学生带着问题去阅读，并把阅读之后得出的解题思路通过教学云平台发给任课教师，任课教师收到阅读反馈信息以后，大致了解学生课前准备的情况，对上课分组讨论的议题、抢答有初步的安排，做到有的放矢。每次课前都要求学生进行阅读，长期坚持训练快速浏览，持之以恒，对培养学生的阅读能力一定有很大的帮助。

三、自主探究能力

在感知阶段，学生面对新的学习任务，往往会感觉比较陌生。教师要有意图引导学生去对新知识或新问题进行自主探究，以激发学生的学习潜能，这有利于培养学生可持续发展能力，也有利提高学生逻辑思维能力。美籍匈牙利数学家波利亚认为："学习任何知识的最佳途径都是有自己去发现，因为这种发现，理解最深刻，也最容易掌握其中的内在规律、性质和联系。"任课教师要让学生学好新知识，必须主动引导学生自主去探究，要积极创造良好的环境给学生，充分发挥他们的聪明才智。

在感知阶段教师要培养学生具有自主探究能力，必须引导学生增强主动意识，善于在学习中思考与探究。教师可在课前根据学习的内容提出一些具有开放性和探究性的问题，给学生创设一个良好的探究知识的机会。学生接到任务之后可以通过云平台开展小组讨论，对问题进行深入的探讨与分析，在课前进行头脑风暴，这有利于问题的解决，即使小组讨论没有达成任何共识，但对即将上的内容有了初步的思考，学生各持各的观点，等到课中可把自己的想法说出来，最后通过实验加以验证，这样获得的新知识记得比较牢固。任课教师平时要引导学生善于去探究，让学生习惯于课前自主去琢磨一些问题，这对培养学生自主探究能力很有益处。

第二节　设计阶段对能力的培养要求

设计阶段是任课教师根据授课内容的重点或者难点布置给学生的设计任务，学生根据设计要求进行设计的过程。对于设计任务来说，要根据设计的要求，在感知教材或者资料的基础上，利用自己已掌握的知识进行设计。首先小组一起讨论，形成设计的共识，然后各自根据自己的想法进行个性化设计，最后形成设计方案；对于设计问题来说，要围绕问题展开教学，可以问题为导向，让学生以小组为单位进行讨论与分析，各自发表自己的看法，相互启发，逐步形成解决问题的共识，然后各自写出解决问题的方案。

在设计的过程中，教师不但引导学生坚持实用性原则，即所设计的方案符合实际要求，具有可操作性，比较贴近生活，实用性强，有一定的实用价值，而且要引导学生坚持创新性原则。要充分发挥学生的想象力，鼓励学生突破传统的设计理念，突破常规的设计方法，在已有基础上大胆创新。同时，所设计的方案还要具有观赏性原则。要考虑美观因素，使所设计的方案或作品内容简洁、美观大方，符合大众的眼光与要求，此外，还要考虑技术性方面，即所设计的方案符合相关技术要求，技术先进，符合时代的要求。

在上课过程中，任课教师要根据课程教学目标，围绕任务进行设计或者提出要解决的问题，引导学生从任务（或者问题）的实际出发，在感知的基础上组织组员进行头脑风暴，然后组织大家进行详细设计，设计的过程就是解决问题的具体步骤，设计的内容就是解决问题的方案，按照这个方案去实施就能达到既定的目标。

在设计的过程中，教师要注意引导学生充分发挥个人的想象力，团结协作，设计出较为完善的方案，设计阶段主要培养学生具有以下能力。

一、观察能力

在设计阶段，任课教师要求学生去完成设计任务，面对新任务教师要积极引导学生从仔细观察任务开始，调动各种感官进行观察，如对观察事物的本质有全面了解，写出的人物、景物才生动具体、栩栩如生。要围绕观察的目的寻找观察点，以观察点为突破口进行综合分析，这样才有设计的灵感，找到设计的依据，形成设计的思路。观察是设计的基础，要设计出好的方案，必须注意培养观察意识，在日常生活中，要时时刻刻利用各种感官，保持对周围环境的观察和对信息的感悟吸收。要把注意力中心放在感知上，尤其是视觉上，要有意识去保持知觉的敏锐性，这一点比任何的技巧和训练都要重要。此外，还要培养学生具有以下良好的观察品质。一是要有细心。观察要细致，不放过任何一个细小的变化，二是要有耐心。对复杂事物的观察，特别是创造性的观察，往往要付出艰苦的努力，有些现象稍纵即逝，需要重复观察，有些试验失败，需要再试验重复观察，这些都需要耐心，没有耐心就不可能获得可靠、准确、理想的观察效果。可见具备良好的观察能力能助人事半功倍。任课教师在设计阶段要有针对性地培养学生具有良好的观察习惯，培养学生的观察兴趣，教会学生掌握观察的方法，只有这样才能激发学生的好奇心和求知欲，提高他们的观察能力。

二、沟通能力

在设计阶段，不论是完成一个设计任务或者设计问题，教师都要有意图引导学生沟通与讨论。为达成有效的沟通，教师要教学生掌握一些沟通技巧，如学会聆听，也就是学会认真听对方讲话，克制自己插嘴讲话的欲望，不以个人的价值观念来评判对方的叙述。除此之外，听的过程中还要学会设身处地体验说话者的内心感受，作出由衷的同感反应。要避免注意力不集中，机械听取的状态，要让自己的思维和对方讲话的节奏同步，并积极思考，积极提出问题，使沟通得以有效和继续。如学会贯注：全神贯注地聆听对方的讲话，认真观察其细微的情绪与体态的变化，并做出积极的响应。贯注还要求有效运用言语与体语来表达对说话者的关注与理解，使其感到他讲的每一句话、表露的每一情感都得到了重视。又如换位思考：就是在沟通中尽量设身处地，替对方着想，以尽可能与对方"思想聚焦，情感并轨"。这就要求沟通的双方做到"听之有心，言之中肯"，一方在听对方叙述时，全心投入并适时地做出反馈，不断达到心灵上的"和声"，以让对方充分感受到对他的尊重和理解。

在上课过程中，沟通无处不在，在对任务或者问题发表各自看法之前，教师必须与各组长之间进行充分的沟通，各组长收到任务后，要与小组内的组员进行沟通，组员之间也要进行沟通，这样，才能形成设计任务或者设计问题的共识。此外，教师还要有意图地促进学生之间的互动，让学生在设计任务或者解决问题之前必须先沟通与交流，养成良好的沟通习惯，这对培养学生的沟通能力有很大的帮助。

三、思辨能力

教师在设计阶段要依托教学内容精选辩题，巧妙设计，找准思辨启动点，引导学生进入思辨的情境中，借助课前感知获得的知识与经验，针对一些问题进行小组讨论，鼓励质疑，疑中有辨，让学生在质疑中畅所欲言，主要从引领学生有效质疑出发，并针对质疑情况梳理出有价值的问题供学生思辨与对话，可运用多种教辅手段，给学生带来更多生动讲解与案例展示，给课堂创造更多的思辨机会，在教学中，可通过多种方式培养学生的思辨能力。

在实际教学中，任课教师还应告诉学生如何去提高自己的思辨能力，可从五个方面提醒学生：一要提高自己的反应速度，在对方的话语中快速的发现漏洞，并及时指出；二要增强自己的心理素质，在辩论遇到困难的时候不轻易屈服，而是顽强到底；三要培养坚定的信念，不能让别人的观点所左右，在辩论中始终坚守自己的信念；四要增加自己的知识量，让自己有足够的智慧去面对辩论；五要提高自己的语言能力，能够在辩论中流畅地表述自己的想法。只有做到这五点，才有可能进一步提高自己的思辨能力。

四、创新能力

在设计阶段，任课教师首先给学生创设一种和谐、自由、充满活力的氛围，让学生在课堂中主动参与、自由发展。其次，培养学生兴趣，兴趣是创新的源泉，教师应激发学生创新的兴趣，增强思维的内在动力。最后，尊重学生的好奇心，往往学生对新鲜的事物都有一些好奇心，应抓住学生的这些心理特点，加以适当引导，正像爱因斯坦说的那样："我没有特别的天赋，只有强烈的好奇心。"可见，在上课的过程中让学生保持好奇心，有助于发挥学生个人的想象力，刺激他们的创造力。

任课教师在培养学生具有创新能力时，可引导学生做到三点。一是不满足现状。不满足是向上的车轮，不满足现状才会有所追求，有所创新，每天要学会告诉自己做得不够好，还需要改变一下目前的状况，让自己的事业还能不能更上一层楼，在强烈的成就欲望下就会有积极的创新力了。二是有危机意识。"生于忧患，死于安乐"，人处在困境中才会容易激发自己奋斗的力量，不要贪图享乐，告诉自己还要进取创新，时刻保持忧患意识，正所谓"人无远虑必有近忧"。三是学会思考和质疑。一个人勤学好问，大胆质疑才能有所成就，遇到事情多问几个为什么，要学会刨根问底，寻求事物的根源，还要大胆质疑，有怀疑的精神，多观察、多思考，才会让自己变得更聪明聪慧。

创造力和成功的机会一样，每个人都有机会去拥有，并不会因为身份地位而改变。并且我们每个人的创造能力都是无穷无尽的，只要思维足够开阔，不愿意墨守成规，愿意打破原来的规则，多去思考和运用规律，创造力自然应运而生。

第三节　实施阶段对能力培养的要求

当学生完成了感知阶段和设计阶段的任务以后，接下来就进入实施阶段了。在这一阶段里，教师首先要告知学生明白实施的目标、内容与要求，让学生了解实施阶段就是对设计方案进行验证与测试，在反复检验的过程中不断完善设计方案，直至取得科学、正确的成果。同时，让学生明白课堂上完成的主要任务是根据课程标准和教材、学生学习的特点以及发展需要来确定，可从知识与技能、过程与方法、情感态度价值观三方面来考虑如何去实施，然后把任务交给各小组去独立完成。当学生接到实施任务后，组长要组织组员讨论，明确实施的方案，大家分工协作，共同去完成实施任务。为更好地完成实施任务，任课教师要考虑如何调动学生自我管理的积极性，采用小组合作式学习方式，由组长组织组员分工协作，共同去完成任务，使学生在讨论过程中情感得到交流，能力得到培养，价值得到实现。在这阶段里，任课教师要有意图培养学生具有以下能力。

一、领导能力

领导能力是把握组织的使命及动员人们围绕这个使命奋斗的一种能力，通常是指在管辖范围内充分地利用人力和客观条件在以最小的成本办成所需的事。领导能力既是一种技能，也是一种行为。有些人相信领导能力是天生的，而不是后天培养的。其实我们每个人都是领导者，几乎我们每个人在某个时间、某个地方，都在以某种方式领导另一个人或一个群体。我们每个人都需要努力成为一个好的领导者，有了良好的领导技能，我们可以提高自己，帮助别人，并加强我们与朋友和家人的关系以及与社会的联系。

学校是培养领导者的主要阵地，在教学过程中应设置一些场景有意识地培养学生的领导能力。如在实施阶段可以这样培养学生的领导能力：首先，引导学生树立独立自主的意识，按照学生性格特点和学业所长，培养学生具有自信、自尊、自强的心理，强化学生个体在集体中的接触与交流，建立学生从个体到小组再到集体范围内的自信心；其次，以梯级培养的方式催生和拓展学生的交际范围、活动效应，使学生在客观和主观两个方面进行自我教育和成长，以培养学生的组织和管理能力。

在实施阶段，任课教师还要考虑如何给学生提供充分发挥自我管理、自我展示的舞台，引导他们主动参与讨论，自主选择实施方案，培养他们的科学决策能力，同时充分发挥组长的作用，支持组长独立完成各项任务，通过这些途径培养学生的领导能力。

二、团队协作能力

团队协作能力是指团队成员为完成共同的目标而相互协作、优势互补、共同努力完成某一任务的能力。团队协作的出发点是尊重个人的兴趣爱好和成就，核心是为了共同的目标协同协作，最高境界是全体成员的高向心力、高凝聚力、个体利益和整体利益的统一，保证团队的高效率运转。团队协作的前提不要求团队成员牺牲自我，相反，特长互补保证了成员共同成长、共同完成任务目标，明确的协作意愿和清晰的协作方式是团队协作的动力。

在实施阶段，绝大多数的任务都是小组共同完成的，小组协作完成一个任务，要考虑各自的作用如何发挥才能顺利完成，因此，首先要培养学生具有团队的意识，让他们明白团队意识的基础就是人际关系，要注意搞好团队间的关系，教师可以通过与学生互动，如提问时，一个组员回答不了，另一个同学可以补充，这样可以培养学生团队协作的意识。其次，要培养学生具有团队的精神，让他们具有集体的荣誉感，可通过建立团队激励机制促进他们之间的协作，当遇到障碍时，组员间相互鼓励、换位思考，站在对方的角度来感受问题，为共同的目标达成而全力以赴。当有些团队取得了阶段性成果或解决了障碍后，教师或组员间应及时地给予肯定和赞美，以此激发团队合作的积极性，增强团队的凝聚力。

三、解决问题能力

在实施过程中，任课教师要有目的去培养学生解决问题的能力。首先，培养学生具有问题的意识，鼓励学生质疑并提出有价值的问题，然后，引导学生学会了解题意，抓住解决问题的条件，多角度考虑如何解决问题，鼓励学生运用已有的知识去联想、推测、探究，从不同角度去寻找解题思路，引导学生独立获得解决问题的策略。对不同的设计方案，在实施中都有不同的解决方法，要善于总结经验，使学生明白通过分析、归纳与推理都可找到解决问题的方法，通过这些途径来提高学生解决问题的能力。

在课堂教学中，教师应更加重视学生对于知识的实际应用，通过更加丰富的知识内容和多种多样的思维方式来引导学生逐渐提升对知识的掌握和实际应用能力，提升学生对于自身解决问题能力的重视程度。营造和谐的氛围，鼓励学生敢于发现问题、提出问题，教师对于学生所提出的各种问题不应该产生拒绝或厌烦的情绪，而是要耐心细致地加以引导、鼓励，使学生在解决问题获得答案的同时感受到成长的快乐。

第四节　述评阶段对能力培养的要求

当实施阶段结束后，任课教师要安排各个小组对学习过程进行陈述与评价。各小组轮流推荐代表在班上陈述完成任务的情况，任课教师根据陈述的情况给予评价。负责陈述的同学从学习开始、人员分工、过程协作和最后完成任务的情况进行汇报。重点汇报在感知阶段、设计阶段和实施阶段遇到的难题，采取了什么方法去解决，有哪些同学率先做出来，又有哪些同学去帮助了别人，在困难面前，小组是如何合作探究，运用了哪些技术，有什么创新点和存在的问题等，任课教师主要了解小组中同学们是如何协作解决问题，尤其要了解有哪些同学起主导作用，哪些同学起次要作用，要求小组中的每位同学演示自己做的结果，负责汇报的代表给每位同学评价。任课教师听完汇报后，即可对每位学生进行打分，对全班学习情况进行全面总结。这阶段主要培养学生具有以下能力。

一、语言表达能力

述评阶段采用小组轮流汇报，每个学生都有机会对本组完成任务的情况进行陈述。任课教师要有意图引导学生不断提高个人的口头语言表达能力。首先，让学生明白语言表达能力不是天生就有的，而是经过后天的训练沉淀出来的，尤其取决于个人思维的敏捷度和清晰度，然后，要营造一个和谐语言环境，多表扬、多鼓励，消除学生的心理障碍，增强学生的自信心。为让学生有更多的机会练习说话，任课教师要求学生先在小组内汇报交流，组长带头先汇报，然后组员逐一汇报，在汇报过程中如存在什么缺点，大家要毫不客气地指出来，并提出改进的建议，汇集大家的智慧形成最佳的汇报结果，最后派代表在全班汇报。教师要民主平等地对待每一位学生，用爱关心学生，重视每个学生的表现，鼓励每个学生的点滴进步，引导学生在每次述评之后进行反省，查找有哪些进步了，还存在哪些不足，下次要注意哪些问题。对于说话能力比较弱的学生，教师要特别关注，可从侧面去引导与鼓励，也可直接把训练说话的技巧传授给这些学生，让他们在课后去练习与提高。小组轮流陈述可以锻炼学生的胆量，这对培养学生的语言表达能力会有很大的帮助。

二、分析能力

学生陈述所做的任务时，往往会谈到一些难题不知如何去解决，任课教师应针对这些难题去追问，如遇到哪方面的问题解决不了，引导学生共同去思考这些问题，教会学生如何去分析问题。首先，引导学生学会观察、洞察问题的本质，然后查找问题的根源，最后寻找解决问题的对策，按照这些思路去分析问题，抓住问题的关键来思考与联想，对于那些不知如何分析问题的学生，任课教师应引导他们从感知、设计与实施三个阶段所遇到的难题开始分析，特别分析小组同学是如何合作探究去解决遇到的难题，大家亲身经历了哪些事，用自己的语言陈述出来，与全班同学共同分享。对于常见问题的分析，同学们可从沟通与协作方面去分析，谈谈自己有什么体会与收获，对下一次学习小组如何协作解决问题谈谈个人的看法。教师也可改变提问的方式，绘制思维导图，帮助学生形成归纳总结分析的思维习惯，让学生明白只有抓住问题的关键、思路清晰，才能对问题分析到位的道理，通过调整思路与方法，让学生慢慢掌握分析的技巧，找到适合个人的分析风格，只有这样才能更好地提高学生的综合分析能力。

第十章　微动教学法的教学建议

第一节　对教师的要求

微动教学法是随着社会的进步、时代的发展而产生的，它继承了传统教学的许多优点，融入了当今互联网技术和多媒体技术，是线上线下混合式课堂教学模式，它的应用要求教师做到：转变教学观念、提高个人的教学能力、关注学生的个性化特点、科学地评价学生等。具体的要求如下。

一、坚持全人发展教育理念

全人发展（Whole Person Developing）教育理念兴起于二十世纪六七十年代的北美，它强调在满足社会需要的前提下，应充分尊重人的主体性，把人的平等发展、完整发展、和谐发展和终身发展作为教育终极目标的一种教育理念，还强调把潜能的充分发挥、人格的完善以及人的全面发展作为教育的追求目标，充分尊重学生的主体地位以及在受教育过程中的主体性，要尊重、理解、关心与信任每一位学生，发现他的价值、发挥他的潜能、发展他的个性。

20 世纪以来，教育界针对如何将"全人发展"与学校教育相结合这一课题开展了广泛的探讨和实践。著名心理学家马斯洛强调，"人的发展不仅包括知识和智力，而且包括情感、志向、态度、价值观、创造力、人际关系等"，"教育的目的在于人的整体发展"。罗杰斯则明确主张，教育要培养"完整的人（the whole man）——躯体、心智、情感、精神、心灵力量融会一体"的人。教育不仅要关注知识的传递与技能的训练，更应关注人的内在情感体验与人格的全面培养。

全人教育理念作为人类追求的理想，显然并非西方世界所独有，在我国古代也早已有之。以孔子为始祖的儒家以"仁"为核心设定自己的理想人格形象，用"君子"作为教育追求的理想化目标，倡导教育主体的全面性和人格培养的完整性。道家学派的创始人之一庄子曾在《庄子·天下》里有过"察古人之全""道术将为天下裂"的论述，这被认为是最早的全人教育之理念之一。后来，儒家思想集大成者荀况在他的名篇《劝学》中抒发过自己的全人教育观点："君子知夫不全不粹之不足以为美也，故诵数以贯之，思索以通之，为其人以处之，除其害者以持养之……能定能应，夫是之为成人。天见其明，地见其光，君子贵其全也。"可见，我国古代早已有倡导培养全人的教育理念。

由于多方面的原因，长期以来有些高校的教学没有很好地倡导培养全人的教育理念，忽略了情感的体验与人格的全面培养，人才培养存在一定的缺陷，所培养出来的大学生综合素质整体不够高。

微动教学法是顺应时代而产生的一种线上线下混合式教学方法，它倡导教育要培养完整的人，使人在知识、技能、智力、身体、精神、创造性等方面都得到发展，它的教育理念与全人发展教育理念不谋而合，因此，在教学中运用微动教学法要坚持全人发展教育理念，在知识传递与技能训练的同时，更应关注人的内在情感体验与人格的全面培养，做到既教书又育人，使培养出来的人才各方面都得到全面的发展，综合素质得到全面的提高，实现人才培养的终极目标。

二、坚持以能力培养为主要任务

传统教学以教师为中心，教师上课站在讲台上一讲到底，往往不顾学生的学习感受，学生坐在讲台下被动接受知识，没有学习兴趣，上课心不在焉，平时所做的作业与期末考试都是应付了事，真正学到的知识并不多，具有的能力与技能较少。

微动教学法强调建立以学生为主体，以教师为主导的教学模式，充分调动学生的学习兴趣，整个教学过程都是聚焦能力的培养，尤其是个人能力的培养，即主要培养学生具有自主学习能力、思辨能力、阅读能力、自主探究能力、团队协作能力、解决问题能力、语言表达能力、分析能力、观察能力、联想能力、组织能力、沟通能力、领导能力、创新能力等。如在教学中培养学生具有自主学习能力是十分必要的，因为在知识经济时代，知识总是在更新，只有不断学习才能跟上时代的步伐，因而集中精力培养学生的自主学习能力显得十分重要。又如思辨能力的培养也很有必要，因为它是学生的关键能力之一，简单来说它是对事物正确、合理思考的能力，也就是一种对事物进行观察、比较、分析、综合、抽象、概括、判断、推理的能力，它使人能运用科学逻辑的方法，清晰地描述出自己的思维过程。思辨能力不仅对学习有好处，而且对处理日常生活也很有帮助，思辨能力强的人做事容易成功，因此，任课教师在上课过程中要精心设计每一节课，使每节课形象、生动，有意创造动人的情景，设置诱人的悬念，激发学生思维的火花和求知的欲望，这些教学过程对培养学生的思辨能力有较大的帮助。其他能力的培养大同小异，只要设计好情境，有意图进行培养，都会收到良好的效果。

三、培养学生自主学习的习惯

良好的学习习惯是教学成功的一半，教师在教学过程中，应该有意识地培养学生的学习习惯，学生一旦形成了良好的学习习惯，就会主动去获取知识，这将使他们受益终身。要让学生自主地学习，教师首先要营造自主学习的氛围。尊重不同学生的情感、思维、兴趣、爱好，允许学生对问题有不同看法，尽管这些看法可能是错误的，甚至是荒诞不稽、幼稚可笑的，教师都要热情地鼓励他们。只有这样，学生才能身心自由，才能大胆地发表自己的见解，才能自主地学习。在教学中，教师可以这样培养学生自主学习的习惯：一是在预习时，要求学生独立去感知即将学习的知识，不懂的时候，可以上网去搜索参考资料，或者到百度贴吧、论坛等去请教；二是把不懂的问题写在本子上，或独立思考，或与同学讨论解决，这样，让学生不断提出问题，久而久之，就能提出一些有价值的问题；三是鼓励合作学习，把班上的同学分成几个学习小组，学习过程中碰到的问题，拿到小组里去讨论解决，这样，既能充分让他们自主学习，又能增强他们的协作精神，每个学生在小组里都是平等的个体，可以自如地发表意见。好的学习习惯的形成并非一朝一夕的事情，而在于教师长期不懈地努力培养，教师在引导学生自主学习的同时，适当传授一些学习的方法，学生掌握了学习方法，获取知识就会更加便捷、有效。

四、给学生创造轻松学习的环境

创造的根本条件是个性的发挥，而个性发挥的根本条件是自由，二者成正相关变化。要改变"师道尊严"的旧观念，建立一种师生平等的朋友关系，充分尊重学生人格，允许探索中的错误，不求全责备，同时要注意保护学生对学习的积极性、主动性和创造性，让学生畅所欲言，为学生思考、探索、发现和创新提供最大的空间。关于这一点，杨振宁教授有一段话最能说明："泰勒的物理学有一个特点，是他有许多直觉的见解。这些见解不一定都是对的，恐怕90%是错的，不过没有关系只需要10%是对的就行了。而他不怕他讲的见解是错的，这给我很深的印象。"心理学家认为，创造力不是教出来的，所谓的创造力教学，指的是学生要真正有被鼓励展开并发表他们想法的机会，如此才能发展他们富于创造力的才能。我们在教育中要重视培养学生的发现、创造、沟通、表达、交流的意识和能力。因此，在教学活动中，教师要尽可能地营造创新氛围，在时间上保证学生有思考余地，给他们更多的独立与自由的机会，让他们大胆想象，鼓励学生动脑思考、发现问题、解决问题。同时在课堂上要积极营造一种热烈的气氛，通过问题导向，引发全班学生思考与抢答，充分发挥学生学习的积极性，让每个学生都积极地动脑、动口与动手，使课堂内充满民主的气氛，形成生动活泼的教学局面。

五、提高个人教学组织能力

教师的教学组织能力是教学能力的重要方面，教师在开展线上线下混合式教学过程中，要密切关注学生的反应和参与程度，从而提高教学的组织能力和感召力，成为课堂教学的"导演"而不是"演员"。具体来说，首先，要根据课前导学设计方案组织学生在线上对基础知识进行自主学习。然后，根据学生自主学习的情况针对重难点，组织学生进行集中交流、分组讨论，并通过现场答疑、研究展示等方式，开展互动研讨式教学，引导学生自主发现、思考并分析问题，促进其思维能力的锻炼和研究意识的培养，达到深度学习的目的。最后，在掌握教材重难点的基础上，组织学生对教材知识进行有机整合并引导学生自主构建知识体系。

在混合式教学中，教师的主导作用还体现在对学生学习过程的管理上。具体来说，课前，教师要根据学生的实际情况和需要给学生提供学习支持和管理，并引导学生选择合适的学习内容。课中，教师要对学生学习的全过程进行监督，并根据教学云平台提供的数据统计信息向学生及时反馈其学习的进度和效果，以激发学生的学习积极性和主动性。课后，教师还要根据前两个阶段的跟踪和监督，采用多元化的评价方式对学生的学习效果进行综合评价。

六、提高个人信息化应用能力

首先，教师要学会使用教学云平台。混合式教学需要借助于教学云平台来实现，这需要教师熟练掌握教学云平台的使用方法，并充分利用软件功能来辅助教学。此外，教师还需要教会学生使用与课程学习相关的各种系统、软件，使学生在混合式学习过程中没有网络学习上的障碍，从而专注于如何去完成学习任务。为开发网络上的教学资源，教师还需要掌握一定的多媒体制作技术和电子资源的转换技术，学会使用多媒体制作工具，以便顺利地开展混合式教学。教师还要具有数据获取和分析的能力，通过对学生学习期间数据的分析，为下一步改进课程设置、教学方法和教学手段等方面提供依据，获得学生个体学习分析报告，并以此为依据对学生进行差异化教学。

七、提高教学设计能力

教学设计能力是以对教学内容和学生的理解为基础来设计总体的教学进程、教学方法和教学组织形式的能力。简而言之，就是教师在上课前对教学过程中的各要素进行最佳优化组合的能力。教学设计能力主要是指教学内容设计方面的能力，它应重点突出，难度、深度恰当，符合学生最近发展区，并注意与已学知识、相关学科知识的联系；注重策略性知识的教学。教师的教学设计能力强，教学设计新颖科学,会给学生留有自主思考的空间。学生的积极思维往往是由问题开始,又在解决问题的过程中得到发展。教学中教师要依据教材的内容特点,在新旧知识的连接点上设计问题情景。在上课的时候,教师如果能从实际出发,巧妙地设置悬念,将学生置身于"问题解决"中去,就可以使学生产生好奇心,从而激发学生的学习动机,使学生积极主动地参与知识的发现,这对培养学生的创新意识和创新能力很有帮助。因此,教师要提高教学质量,必须加强学习,不断提高个人的教学设计能力。

八、态度热情,情绪饱满,感召力强

教师的主要工作是教书育人,教师的言行、态度与情绪对学生的学习与成长影响很大。因此,教师在教学中要学会管控自己的情绪,保持态度热情与情绪饱满。英国哲学家斯宾说:"生命的潮汐因乐而升,因痛苦而降。"这说明了情绪对人的影响非常大。教师在教学的过程中难免会遇到一些烦心事,如班级中有些学生不听话、不做作业、成绩差等,面对这些学生,教师要耐心做好他们的思想工作,要对他们多宽容一些,用自己的人格魅力感染他们。千万不要生气,因为情绪不好,不仅影响学生的身心健康,更重要的是伤害自己的身体。因此,教师要加强学习,不断修炼自己,这样才能用个人的言行与魅力去感化学生。

除了态度与情绪以外,教师还要注意塑造个人的形象,提高个人的影响力。可通过丰富个人的知识提高教学能力,上课就像舞台表演,眉飞色舞,充满激情,这样对学生的影响就会大一些。学生最难忘的教师就是那些热情、幽默、富有责任心的教师。俗话说"一日为师,终身为父",一位优秀教师身上折射出来的创新意识和人格感召力是无法估量的。因此,教师要不断地学习与修炼,自觉提高个人的综合素质,以个人的魅力与智慧感染学生,让学生崇拜,乃至成为学生心中追逐的榜样。

九、培养学生的创新意识与思维能力

生活在不断地发生变化,科技也在不断地进步,这些都是人类不停创新的成

果。社会的发展需要不断创新，只有创新才能推动社会的进步。高校是人才培养的摇篮，应把创新教育作为人才培养的重要任务来抓，要在大学教学中注重培养学生的创新意识，为国家培养更多具有创新性的人才。

创新意识主要由好奇心、求知欲、怀疑感、思维独立性与创造性思维等因素组成。这些因素在创新意识的形成与发展中的作用和地位各不相同，它们相互联系、相互促进。恩格斯说，"思维是地球上最美丽的花朵"，而创新思维是其中最璀璨的一朵。在这个高速发展的时代，我们要培养优秀人才，一方面要牢固树立创新意识，以发展的眼光看世界，紧跟时代步伐，培养学生具有创新意识和创新精神；另一方面通过各种途径培养学生的思维能力。可通过分析、综合、概括、抽象、比较、具体化和系统化等一系列过程，对感性材料进行加工并转化为理性认识来解决问题。在教学过程中，教师应充分考虑到学生思维的特性，采取启发、引导、假设等方法训练学生的发散性思维，从感知和直觉开始，不断引出问题、引发思考，紧紧抓住学生思维的火花，开导思维的变通性和独创性，养成推崇创新、追求创新、以创新为荣的意识。只有在教学中注重培养学生的创新意识和思维能力，才能提高学生的综合素质，为国家输送更多优秀的人才。

十、掌握一定的身体语言技巧

教师的身体语言是用身体动作来表达情感、交流信息、说明意向的沟通手段，它包括姿态、手势、面部表情等其他身体动作，它是师生相互交流的一种重要手段。教师上课时候的肢体动作、眉目神情等都会直接影响到课堂的教学气氛。有研究表明，要实现沟通效果，语言因素只占7%，而语调和表情等身体语言因素分别占38%和55%。教师一个亲切的微笑、赞许的眼神、凝神的注视、肯定的手势，都会表现出极强的亲和力，在教学中起到意想不到的效果。

教师应像一个好的话剧演员，在讲台上通过自己的表演来吸引和感染学生，并根据学生的反应不断调节自己，引导学生投入到你的教学情境中。否则，无精打采、昏昏欲睡、没有情感投入的教学，连自己都不能打动，何谈吸引学生？当然，教师也要尽量避免一些不好的肢体动作，如双手叉腰、双手插兜、双手抱胸前、双手背后、抠鼻孔、挠头皮等。

此外，教师应站着讲课，使所有学生都能看见你的"表演"，感知你的情绪和动作。教师不应站在讲台处不动，应游走在教室的不同位置，通过调整与学生的距离，引起学生的注意并与你有所交流。身体言语的技巧还表现在授课语言方面。有些教师的课堂语言比较生硬、语气粗重、少情寡味，这既不能引起学生的听课兴趣，也不能调动学习积极性，不利于教学质量的提高。为此，我们建议，教师的授课语言要"甜"一点。这里的"甜"，是指充满教师的激情、饱含知识营养、能激发学生求知欲的言语，是让学生在甜美的氛围中认真学习的言语。

十一、掌握课堂的组织调控技巧

课堂的组织调控主要包括教师的教学内容与时间的调控、教学气氛调控、教师自我调控、教学设施调控和课堂纪律的调控等。在此主要讨论教学内容与时间如何匹配，课堂教学气氛与学习效果的关系。

有研究表明：学生一堂课有两个高效期，第 1 个高效期在上课后的 20 分钟之内，仅维持约 10 分钟。第 2 个高效期在临近下课的几分钟内，也不到 10 分钟。一堂课有一个低沉期，低沉期持续几分钟。教师要根据两个高效期和一个低沉期所发生的时间，在第 1 个高效期去讲新内容，在低沉期要进行练习，在最后一个高效期进行总结概括、归纳提高，借此来提高教学效率。

教师上课时要调整好自身情绪状态，以饱满的精神状态、充满热情和激情语言、积极正面的语言激励，给学生们带来舒适和愉悦的身心感受。科学研究表明，人们在学习时，信息是依靠神经元突触之间的神经递质来进行传递的。而当人们在身心愉悦时产生的神经递质比较多，此时学习效果相对也比较好。所以，教师上课时要尽量避免使学生产生紧张、焦躁不安的心理状态。教师不应受到诸如设备设施和课堂纪律等外部教学环境的干扰，以免影响情绪。教师应根据学生的认知条件和水平及时调整教学内容，避免大部分学生产生学习焦虑，尽量使学生保持一种良好的学习状态。因此，教师要提高教学效果，必须了解学生学习的规律，掌握一定的课堂组织调控技巧。

十二、掌握一定的教学幽默技巧

幽默是一种美，幽默的语言，可以最大限度地体现语言的审美价值，是语言中的上品。在课堂教学中巧妙地运用幽默，可使教师的讲课变得风趣、诙谐，能引人思考，给人以智慧的启迪，具有一定的艺术魅力，同时也能让学生在课堂上产生一种积极愉悦的心情，使知识的传授生动精彩。教育家斯维特罗夫说："教育最重要的也是第一位助手，就是幽默。"

一堂生动有趣的课，教学幽默是必不可少的。教学幽默是教师为了实现特定的教学目的，结合具体的教学内容，把幽默运用到实际的课堂教学过程中的方式方法，巧妙地运用诙谐的语言、滑稽的动作或其他有趣的方式来传授知识、组织教学活动，可以使学生愉悦的同时学到知识。教学幽默能够活跃课堂气氛，提高课堂的吸引力，从一定程度上激发学生的学习兴趣、减少学生的学习倦怠感、培养学生乐观的性格。教学幽默可以通过拟人、谐音、自嘲等方式在一节课的任何环节使用。当然幽默要适度、要联系实际、要服务于教学和能引起学生情感共鸣。

教学幽默是师生关系的润滑剂，是体现情感教学的一种有效手段之一。教学幽默可以填平师生之间的地位差异。教学幽默以其强烈的艺术感染力，架起了师生相互尊重、人格平等、相互学习的桥梁，消除了师生之间的思想隔阂，融洽了师生关系，缩短了师生距离，使师生过于紧张严肃的气氛变得和谐，使和谐的气氛更添欢乐。

十三、关注学习基础不同的学生

世界上没有两片相同的树叶，人亦如此，教师如何对基础不同的学生进行教学才能促进学生均衡发展，一直备受教育工作者的关注。要解决这个问题，作者认为，可针对不同类的学生编写一个有效教案，开展有针对性的教学，以促进基础不同的学生个性化发展。所谓有效教案，主要指对全体学生来说教案有效，不是指对部分基础好的学生有效，否则就要产生新的不平衡，好的学生更好，差的学生更差，使学生之间个体差异更大。教师要让原来的不平衡逐步趋于平衡，这是对有效教案的要求。

学生之间的个体差异是由多种原因形成的。学生受到不同的遗传因素、家庭因素、个人因素及社会环境的影响，这必然使个人的发展存在着不同的客观差异。这些差异主要是基础性差异、动力性差异、操作性差异和方向性差异等，如何在教案中缩小差异，或在有较大差异的班级中如何执教，这是实现有效教案必须关注的问题。在学生之间具有明显差异的班级中，一定要打破"齐步走"的格局，提倡"异步行"的做法。其中，分层递进、因材施教仍然是一个好的教案原则。通过对学生的分层教案、分层练习、分层辅导、分层评价、分层矫正和调节，达到各类学生的共振效应，使每一个学生都能在原有基础上获得充分发展。作为教学一线的教师要深入班级开展调查研究，全面掌握学生的个人情况，针对基础不同的学生采取不同的教学方法，充分调动学生学习的积极性，要善于利用云平台引导学生自主学习，让基础不同的学生各自发力，不断弥补个人的不足，以促进学生共同发展。

十四、掌握一定的问题刺激策略

在带着问题去进行教学时，教师要想方设法创设系列的情境，组织大量的刺激要素，以不同形式刺激学生与问题对话，强化学生对问题的观察、思考和记忆，不断巩固学习成果。在刺激策略上，有五种方法可以使用：一是语言刺激，即教师以"奇""精""新""美""艺术"来刺激学生与问题对话；二是媒体刺激，即教师以背景内容刺激问题，以核心内容刺激问题，以重复呈现刺激问题等；三是演示刺激，即教师以模拟演示刺激问题，以实物演示刺激问题，以图表演示刺激问题等；四是情景刺激，即教师以活动情景、实验情景、心理体验情景、故事情景来刺激学生与问题对话等；五是情感刺激，即教师以成功激励的方法、合理调节情感状态、"移情"手法刺激问题对话等。同时，教师还可通过设疑的方式，刺激学生对问题探索求知的欲望与热情。另外，教师在提问时，也要讲究策略，要抓住提问点进行提问，如抓住学生的兴趣点提问能够激发学生学习的兴趣、抓住知识的疑难点提问能够突破教学的重点与难点、抓住思维的散发点提问能培养学生的创新能力等。总之，掌握一定的问题刺激策略和提问技巧，能激发学生的学习兴趣和求知欲望，点燃学生思维的火花，为学生发现问题、解决问题提供桥梁和阶梯，最终引导他们一步步登上知识的殿堂。

十五、科学地评价学生，给予学生创新的信心

评价作为课堂教学质量的检测手段，具有激励和导向的作用。评价的目的是激发学生的学习愿望，培养渴求新知的动机，强化学生的竞争意识。在教学活动中，教师要注重鼓励性评价，从尊重、爱护、平等的原则出发，对学生实施积极的、适度的和科学的鼓励性评价，强化学生自主创新学习的内动力，体现出教师评价的创新。对学生的评价可从下面两个方面来考虑。

一是对学生的评价要多元化。传统的教学对学生的评价主要通过单元测试的方式进行，但对学生的道德、情感、态度、价值观和动手能力的评价用单元测试显然就不科学了。因此，要全面、准确地评价每位学生，评价的内容和方法必须多元化，这样才能促进学生全面发展和健康成长。

二是对学生的评价要实事求是。"尺有所短，寸有所长。"每一个人都有自己的长处和短处，更何况还是未成熟的学生。学生的具体情况和表现是复杂多样的，很难准确把握。教师要有一颗热爱学生的心、宽容学生的心，主动去熟悉学生，了解学生的优缺点和个性特点，这样才有可能采取不同的方式对学生进行科学的评价。

评价还可以采取小组互评、生生互评、师生互评、线上学习考核、线下课堂学习考核、期末考试、课堂活动参与度等方式相结合，从多环节、多维度考察学生的学习投入度、学习成果和差异化能力，激发学生的学习动力和积极性。只有公证、科学地评价学生，才能给予学生创新的动力和学习的信心。

第二节　对学生的要求

微动教学法采用小组合作探究的方式组织学生进行学习，注重调动学生学习

的积极性，培养学生主动学习的习惯，因此，在实际教学中要求学生逐步改变上课的一些不良习惯。在传统教学方式下，许多学生上课习惯于听老师讲，不愿意动手、动口和动脑，上课精力不集中，所学的知识很容易忘记，尤其是手机广泛应用的今天，学生的学习有依赖网络的现象，课堂上喜欢静静坐着听课，或者随便应付一些活动等到下课，上课收获不大。在教学中运用微动教学法，要求学生服从班干部的合理分组，主动担当作为，养成良好的课前感知习惯，上课要集中精力认真听讲，听课要讲技巧，不断增强自我管理的能力，在学习过程中敢于质疑问难，养成记笔记并事后整理笔记的习惯，以及对授课效果进行反思与总结等。

一、科学合理分组，共同促进成长

上新课之前，任课教师召集班长和学习委员开会，指导他们按照分组原则进行科学合理分组。要考虑学生的性格，一个小组不能有太多的性格外向的学生，也不能有太多纪律、习惯不好的学生；还要考虑学生的特长，既包括学习方面，也包括艺术、体育等方面，使一个小组内各种人才基本都有，确保每个小组实力相当；同时，还要兼顾学生的意愿，使学生尽量能如愿以偿，增强小组的凝聚力。

新班分组方法：如全班有 48 个学生，可分成 8 个小组，每个小组 6 位学生，教师把班级中较为活跃、能力比较强的学生任命为组长，班长负责组织组长们按照学习、特长、性格、性别、艺术和体育等方面挑选组员，学习委员负责监督与协调，避免分组各种人才不均衡。分组完成后，教师要组织组长开会，提出具体的管理要求，鼓励组长独立开展工作，组长是小组的中坚力量、小组的领航人、教师的得力助手，要对教师负责任。组长的职责负责联络任课教师，把任课教师布置的任务落实到小组的每一个成员，并对小组成员进行指导与督促，确保小组各成员按时完成各项学习任务，教师支持组长开展工作，让组长充分发挥应有的作用，不干涉、不插手组长的决策，让小组成员团结协作，共同完成学习任务。

二、养成良好的课前感知习惯

在每次上课前，每位同学都应养成提前感知的习惯。对即将学习的内容及相关资源进行阅读，对弄不懂的问题，可上网去查找答案，对有疑问的问题先记下来，然后在上课过程中认真听老师讲，争取在上课过程中找到答案。此外，对有疑问的问题也可在小组中讨论，通过小组头脑风暴，在课前找到初步的解决方案。提前感知的目的是为新课的顺利学习扫清障碍，没有做好感知的同学上课比较被动，往往跟不上教师上课的进度，因此，建议学生要重视课前感知。感知的主要方法有四点：一是巩固复习旧概念，查清理解新概念，查不清、理解不透的记下来，上课的时候集中精力、认真听讲，比较容易搞清楚；二是初步理解新课的内容，对学习内容的目的、要求有初步的认识，上课的时候比较容易理解教师讲课的内容以及教学活动安排的意图；三是找出书中重点、难点和自己感到费解的地方，课前感知时间由学生自己安排，可根据本人预习的情况使用时间，对于难理解的地方可以多花一些时间去预习，直到把问题弄清楚；四是把课本后面的练习尝试地做一做，不会做可以再预习，也可记下来，等教师授课时注意听讲或提出问题，以求得教师的正面回答。总之，课前能够按照教师的安排去感知，听课的效率就会比较高，教学的效果比较明显。

三、上课要集中精力认真听讲

课堂上教师往往讲授新课或者讲解一些疑难问题，学生稍为不注意听讲就过去了，因此，建议学生上课要集中注意力，全神贯注地听教师讲解，眼睛要盯着教师、屏幕或者黑板，耳朵听教师讲课的声音，头脑思考教师所讲的内容，思路应与教师保持一致。有的学生努力这样去做了，但是，听着听着就离开了教师讲解的思路，独自思考起来，这种现象很不好。在课堂上，教师讲课时间是有限的，千万不要丢掉这个宝贵的机会。要尽量强制自己，使自己的思路与教师的思路保持一致，同步前进。如果自己在教师启发下有了比较好的想法，可以在笔记本上记下几笔，等下课后再去深入思考。在课堂上思路不可离开"向导"，单独行动，更不能乱发奇想，思想上"开小差"。课堂上"分心"、思想上"跑马"是学习的大敌。因此，建议学生上课时要集中精力认真听教师讲解，要手脑并用，既当场理解教师讲的内容，又及时把一些重要的知识点记下来，以便复习的时候再加深理解。

四、不断增强自我管理的能力

自我管理能力是指自己有意识、有目的地对自己的思想、行为进行转化控制的能力。作为学生，学习任务重，没有较强的自控能力很难学好各门课程。提高自我管理能力，首先从做事情严格要求自己开始，每做一件事都要有耐心和毅力，如学习新课程，通常是分组学习，组长把任务分给组员，组员要独立完成学习任务，必须要有耐心和毅力，否则很难完成组长交给的任务。还要善于管控好自己的情绪，在应对挑战的时候要表现冷静、沉着，有条不紊地做好每一件事。其次，要增强自律意识和自我管理意识，主动参与班集体活动，有了自我管理能力，在学习中，就会有毅力去克服重重困难，不断战胜自我，完善自我。

五、凝聚团队的智慧，共同解决疑难问题

微动教学法以小组学习的方式组织教学活动，教师只是教学活动的策划者和引导者，学生才是组织活动的主体，在小组学习中，组员要听从组长的学习安排，组长会根据组员的能力与特长，分配学习任务，每个学习任务都是项目中的一部分，小组成员要完成整个项目任务，必须分工合作，发挥个人的聪明才智，凝聚团队的智慧，遇到难题不要退缩，要发扬团队的精神，共同探讨解决难题的办法，如果找不到解决办法，可以借助其他小组同学的力量去解决，让学生教学生，学生管学生，培养他们自主学习、自主管理的能力，遇到学习困难时，发挥团队的智慧，共同解决学习中的难题。

六、在学习过程中敢于质疑问难

质疑是在怀疑的基础之上，经过理性分析发现疑点，继而提出质疑，要求疑难解惑。人类思维的每一次突破，都离不开对固有"权威"的怀疑和随之产生的质疑。爱因斯坦质疑牛顿的经典力学，才有了相对论的出现，对经典力学没有涉及的领域进行了补充和修正，让我们重新认识了牛顿的经典力学。学生在学习过

程中，要敢于对事情真相经过认真审核甄别，是真是伪更加清晰明了，每一个真理形成无不经过这样的过程。事实证明，只有质疑才能发现缺陷和谬误，才能澄清真相，才有可能纠正错误，探求真相、真知。所以，在教学中，建议学生养成多思、善问、大胆质疑的习惯。"多思"就是把知识要点、思路、方法、知识间的联系、与生活实际的联系等认真思考，形成体系。"善问"不仅要多问自己几个为什么，还要虚心向老师、同学及他人询问，这样才能提高自己。"大胆质疑"指在学习过程中，注意发现问题，研究问题，有所创造，敢于合理质疑已有的结论、说法，在尊重科学的前提下，敢于挑战权威，要做到决不轻易放过任何一个问题。

七、养成记笔记并事后整理的习惯

听课笔记往往是记一堂课的重点、难点和疑点。记笔记有利于集中注意力，活跃思维，克服单靠头脑记忆的缺陷，同时有利于培养学生自学和总结归纳能力。通过笔记，学生可以掌握教师的分析思路和知识的重、难点。同时，课堂笔记是学生的信息库和资料库，为学生复习考试提供了丰富的参考资料。另外，记笔记还可以帮助学生克服"走神"的毛病，集中注意力积极思考，深刻理解老师所讲的知识。

人们常常说："边听、边想、边记。"这句话听起来非常容易，但是要在短短的几十分钟内将三者合理地协调起来却是非常难的。记笔记的前提是不能影响听课，这要求学生在听课记笔记时应该把握一定的时机。一般来讲，记笔记有三个时机：一是老师黑板上写字时，抓紧这一机会强记；二是老师在讲授重点内容时，要抓紧时间速记；三是下课后，对课堂上简记的笔记进行补记。

八、听课要掌握一些技巧

（1）听课前：带着问题去听课。听课效果好不好的另一个关键因素在于是否带着问题去听课。如果能够做到带着问题去听课，那么通过教师的讲解就能快速解决相应的疑问，从而很快理解听到的知识点。任课教师应该指导学生在听课之前通过自己的预习提出一两个疑问，这样上课听讲的时候就有了目标，知道自己需要重点听什么，从而保证课堂上有不错的收获。学生也可以在预习的时候，先把要听课的要点归纳出来，列在一个表格中，对于自己已经弄懂的内容，可以自己填写在表格上。对于自己不懂的部分，则可以留出空格。上课时就把表格作为听课的提纲，特别当教师讲到关于空格的内容时，要认真听讲，把教师所讲归纳起来，记入自己的表格中。

（2）听课时：做好"四听"。一是听要点：一般来说，一节课的要点就是教师在备课中准备的讲课大纲，许多教师在讲课正式开始之前会告诉学生，学生对此要格外注意。二是听思路：思路就是思考问题的步骤，例如教师在讲解一道题时，首先思考应该从什么地方下手，然后在思考用什么方法，通过什么样的过程来进行解答，听课时关键应该弄清楚教师讲解问题的思路。三是听问题：对于预习中不懂的内容，上课时要重点把握，在听讲中要特别注意教师和课本中是怎么解释的，如果教师在讲课中一带而过，并没有详细解答，大家要及时地把它们记下来，下课再向教师请教。四是听方法：在课堂上不仅要听教师讲课的结论，而且要认真关注教师分析、解决问题的方法。

（3）听课后：课后"黄金两分钟"。常常可见到这样的学生，他们在下课前几分钟就开始看表、收拾课本文具，下课铃一响，就迫不及待地离开教室。实际上，每节课刚下课时的几分钟是对上课内容查漏补缺的好时机。善于学习的学生往往懂得抓好课后的"黄金两分钟"。那么，课后的"黄金时间"可以用来做什么呢？一是释疑难。对课堂上教师讲到的想不通卡壳的问题，应该在课堂上标出来，下课时，在教师还未离开教室的时候，要主动请教师讲解清楚。如果教师已经离开教室，也可以向同学请教，及时消除疑难问题。这样，就能做到当堂知识，当堂解决。二是补笔记。上课时，如果有些东西没有记下来，不要因为惦记着漏了的笔记而影响记下面的内容，可以在笔记本上留下一定的空间。下课后，再从头到尾阅读一遍自己写的笔记，既可以起到复习的作用，又可以检查笔记中的遗漏和错误。同时，将自己对讲课内容的理解、自己的收获和感想，用自己的话写在笔记本的空白处，可以使笔记变得更加完整、有效。

九、上课积极回答问题

教师提出问题、学生回答问题是课堂活动必不可少的组成部分，学生积极回答问题是主动学习的表现。回答一个问题首先需要考虑怎么解决问题，其次还要组织好语言，这是一系列快速的大脑活动过程。所以上课积极回答问题对个人有以下七方面的好处。一是能够集中注意力。要回答教师的问题，就必须认真听讲，只有这样才能听清楚教师的问题，也只有这样才能够跟上教师的思路，并通过自己的思考得出问题的答案。所以，上课积极回答问题能督促同学集中注意力，认真听讲。二是能够锻炼勇气和信心。现在的社会是一个开放的社会，所有人都要学会和人交往。如果在一群熟悉的同学面前都羞于开口，那么将来面对陌生人，又怎会有胆量去开口，进而赢得别人的赏识呢？所以，在课堂上要积极举手回答问题。三是能够锻炼思维能力。既然要在全班同学面前阐述自己的想法，就一定要加以思考，努力完善自己的答案，从而在同学和教师心目中树立良好的形象。这一过程能够很好地锻炼一个人的思维能力，提高思维的速度和准确性，帮助建立清晰的思维，从而使一个人变成优秀的学生。四是能够提高语言表达能力。一般来说课堂时间有限，教师提出问题后不会留太多时间给同学思考和组织语言，因此要回答问题，语言组织必须迅速，而且能够准确地表达自己的想法，这样就提高了语言的组织能力。锻炼多了，语言表达就会又快又准。善于表达，才有良好的人际关系。五是能够及时发现自己的不足。上课回答问题难免出错，而这恰恰可以找到自己的不足和错误，并得到教师的及时纠正。如果上课不回答问题，连自己的错误都不知道，又如何能够弥补和改正呢？六是能够加深记忆。大家都知道，被教师提问过的问题记得特别深，总比那些没提问过的问题印象深刻。因为在课堂上被提问，自己总有些心理紧张，所以印象也就特别深刻，常常不会忘记。事实证明，被教师提过的问题不仅记得特别深，而且还记得特别准。七是能够使同学之间相互交流和启发。如果每个同学都能做到上课积极回答问题，同学之间就能相互启发，相互交流，从而使同学们都有所发展、有所提高，有利于全体同学共同进步。

十、对学习进行反思与总结

学生要善于对学习情况进行反思与总结。首先，对教学目标是否理解到位，对教学重点是否掌握清楚自我检查，然后，对以下两个方面的学习进行反思。

（一）对于上课的主动性方面的反思

（1）课前准备情况。首先学生要自觉准备好学习用具；二是调整好上课的状态；三是知识准备，课前通过对上一节课所学内容的回忆，对个人的学习方法进行反思。

（2）课中发言情况。通常有单独发言和集体发言两种形式，学生在集体回答老师的提问时，必须简洁明了。对于学生的单独发言要求流畅连贯完整，吐字清晰有力，发言时要对着同学们，说给同学们听。

（3）勤于动手方面的情况。在学习中动手能力与思维能力同样是非常重要的，只有在动手训练和操作过程中，才能做到手脑并用，加深对学习的认知。

（二）对于上课注意力方面的反思

（1）是否做到了倾听。倾听是全神贯注的学习，是重要的课堂学习方式之一，认真倾听是收集意见的第一步，也是非常重要的一步，倾听的目的是要把说话者的意思通过自己的分析判断进行内化，变为自己的思想，要做到这一点，就要善于听取大家的意见，只有倾听者才能抓住说话者的要害，充分领会说话者的精神。另外倾听也是对发言者的尊重，是最起码的礼貌，只有认真倾听别人讲话，别人才会听你讲话，当老师或同学在发言的时候，应认真倾听，同时还要注视着发言者，不要做其他的事。在听取发言的过程中，如果有其他问题或想法时，可以先作好简单的记录，不可随便插话抢话，要等到老师或其他同学说完了，才可以举手提问或提出意见。只有学会了倾听的人，才会积极主动地学习。

（2）是否做到了注视。当老师在黑板上写字的时候，学生应该看着黑板，当某同学在发言或汇报的时候，其他同学应当看着该同学的眼睛和所做的动作。课堂上与注视相反的情况有发呆、走神、心不在焉、东张西望、左顾右盼等，这些人两眼黯然无神，委靡不振，不能经受一点点干扰，身边稍有动静便思想分散。

因此，上课需要做到注视，注意力要集中，这样才能跟上老师讲课的思路。

第三节　对教学场所的要求

微动教学法以小组合作探究为学习方式，需要灵活、多变的教学场所来支持。对传统教室来说，一排排固定的长桌不适合用于分组学习，即使由固定的小桌组成的教室，每次上课都移动桌子围成小组的形式也很不方便。因此，建议教室采用固定的六边形桌子或者可根据需要灵活移动的桌子组成一个个小组。对于现代教室或者智慧教室来说，大多数都是由移动桌子组成，分组比较灵活，加上各种设备齐全，比较容易组织教学活动。微动教学法对教室的具体要求如下。

一、对传统教室的要求

微动教学法是以小组的形式组织教学活动，方便各组开展讨论，有利于团队共同解决学习中的困难，它对教学场所有一定的要求，否则难以开展教学活动。根据这个要求，传统教室显然不适合用作教学场地，因为固定的一排排桌子不易改动围成几个组，不适合围坐在一起学习，不利于交流与讨论，面对这种情况，只能采取灵活的方式对传统教室进行分组，如第一排分为第一组，以此类推，或者把第一排 3 个同学与后面第二排正对的 3 个同学组成一小组，以此类推进行分组，但这种分组不利于面对面交流讨论。如果教室是由不固定的小桌子组成，可移动 6 张桌子组成一组，满足 6 个学生为一组进行学习，但如果每次都要移动桌子，比较麻烦，不利于长期开展小组学习，因此，不建议利用传统教室开展小组学习。

二、对专业教室的要求

专业教室是为某一专业特定设计的教学场所，它通常由专业设备、特定场景、专业元素等组成，有些教室配备了多边形桌子（如六边形桌子）或者移动桌子，安装有无线网络，这种教室比较适合用于小组学习。任课教师可根据需要指导学生进行分组，如教室是六边形桌子组成的，可以把六个学生分成一个组，一个班可分成 7~10 组，这样组与组之间有一定的距离，方便教师巡回指导，也方便学生进行交流与讨论，如果教室大还有空间，可以专门安排一组给教师组织组长集中交流与汇报，以便互通小组的学习进度与共同商讨疑难问题。由专业桌子组成的小组不仅方便教师到各组检查与指导，也方便各组同学互相走动交流与学习，对于各小组开展自主探究学习活动很合适，组长对组员进行检查与指导也方便，如果专业教室由可移动的桌子组成，可以根据需要把移动桌子围成一组组，以满足教学对教室的要求。

三、对智慧教室的要求

智慧教室由教学云平台、多功能教学一体机、触控录播系统和移动桌子组成，教学云平台是一套混合式教学系统，它利用互联网技术，在现有的电脑网络设备上，实现教师机对学生机的广播、监控、屏幕录制、屏幕回放、语音教学等，它融合了数字化、网络化的先进思想，突破传统教室对时空的限制，既实现传统课堂教学中教师与学生、学生与学生间的交流，又符合智慧教学轻松、互动的自身特点，是教学方式的一次飞跃。同时，智慧教室配有多功能教学一体机、录播系统等智能设备，方便课堂教学中学生上传作品与演示作品，开展一些智慧的教学活动，有助于学生实时同步对课程的理解，方便教师进行互动式教学，并完整记录整个教学过程。在上课的过程中，教师提出问题，学生可通过平板或者答题器操作参与互动，教师及时查看答题结果并进行讲解。在学习评价环节，教师将投票选项推送到每个学生的平板页面上，所有学生进行互动投票，全班学生还可以把平板与教师的主屏相连接，将自己的作品投影到屏幕上。智慧教室运用现代化手段切入整个教学过程，让课堂变得简单、高效、智能，有助于开发学生的自主学习能力与创新能力。

第十一章 微动教学法在教学中的应用

微动教学法坚持以学生为中心的教学理念，充分尊重学生在学习中的主体地位，发挥学生学习的能动性，在教学实践中不断总结与完善，已形成了自己独特的教学特色。它把课堂教学分成四个阶段，各阶段教学任务具体、明确。微动教学法通过线上线下组织教学活动，有效激发了学生学习的积极性，是多种教学资源、教学方法和教学手段的混合。它在高校教学中应用广泛，既适用于高校工科类大部分专业的教学，也适用于高校文科类部分专业的教学，不管是理论教学还是实验教学均可适用。下面列举一些教学案例，仅供参考。

教学案例一 汽车离合器

近年来，汽车行业呈现快速发展的态势，汽车品牌越来越多，汽车的更新换代有力地推动了国民经济向前发展。随着汽车的普及，汽车的工作原理已越来越多受到人们的关注。离合器是汽车启动的主要部件，汽车专业学生必须掌握它的原理以及相关知识，这对于深入了解汽车驱动及其工作原理十分必要。

汽车离合器的结构和工作原理教学简况见表 11-1。

表 11-1　汽车离合器的结构和工作原理教学简况

授课内容	汽车离合器的结构和工作原理	课型：理论与实践
授课时间	待定	授课时数：3 学时
教学目标	通过学习了解汽车离合器的基本结构和工作原理	

续表

教学重点	离合器的结构和工作原理	
教学难点	离合器的工作原理	
教学过程	教学内容	教学方法与手段
感知 （课前或课中 10 分钟）	1．学生通过云平台查看授课计划、课件和相关资料。通过互联网查看"有离合器和无离合器的汽车和摩托车"相关知识。 2．教师提问：①这两种摩托车在行驶中有什么区别？②离合器究竟有什么作用？它在汽车的哪个位置？ 3．小组成员在讨论区中讨论与交流	线上感知、引导、查看资料、讨论
设计 （45 分钟）	1．展示传动系简图，让学生自己找出离合器的位置。 2．展示挂图，分析离合器每个组成部分的名称。 3．播放离合器拆装视频。 4．离合器工作原理 Flash 仿真教学。 5．多媒体展示离合器维修实际操作案例。 6．回答两个问题，上传与分享	线上线下设计、提问、出方案
实施 （45 分钟）	1．根据设计问题进行验证，打开汽车前盖让学生找出离合器，观看视频。 2．说出离合器各部件的名称及工作原理。 3．针对离合器常见故障查找原因，掌握解决问题的办法	线下实施、验证，提问、抢答
述评 （35 分钟）	1．学生对小组学习过程进行总结与评价。 2．指出小组中每位同学的具体表现，对每位同学评价。 3．教师总结，给每位同学评分	线下展示、汇报、评价

教学过程

利用微动教学法组织学生学习"汽车离合器的结构和工作原理"，属于纯理论方面的教学，首先，通过云平台发出学习通知，要求学生带着"有离合器和无离合器的摩托车在行驶中有什么区别"以及"离合器在汽车的哪个位置？"两个问题去提前感知有关"离合器的结构和工作原理"方面的知识，然后在课堂上组织学生讨论，形成对"离合器结构和工作原理"的认知，让每个学生都能理解离合器由哪几部分组成、是如何工作的，并能用自己的话概括离合器的工作原理，最后每小组派代表汇报，教师点评，具体过程如下。

一、感知阶段

（一）课前任课教师通过云平台引导学生做好上课的准备

（1）通过云平台上传"有离合器和无离合器的摩托车和汽车""传动系简图"和"离合器拆装视频"等教学资源，提醒学生提前浏览，了解离合器相关知识，为上课做好准备。

（2）在云平台上发布学习任务，如发布"汽车离合器的基本结构"及"汽车离合器的工作原理"方面的内容，包括传动系简图、课件 PPT、离合器工作原理 Flash 仿真视频和离合器维修实际案例等，提出具体学习要求、教学目的和教学重点难点等。让学生了解学习任务，关注重点与难点，查找问题与答案，培养学生自主学习与自我探究的习惯。

（3）提出通过学习要解决的问题，引导学生朝着解决问题的方向去阅读有关教学资源，因为时间有限不能仔细阅读，只能带着要完成的任务去查阅资源，寻找解决问题的答案。如在学习"汽车离合器基本构成"时，任课教师可以在云平台上展示离合器构成的挂图及播放离合器拆装视频，并提出"动力是如何输入输出的，各组成部分的装配关系是怎样的？"的问题，那么学生将大量浏览有关"汽车离合器工作原理"的资料，对汽车离合器结构进行深入分析，不断与自己已有的想法对比，逐步形成自己对离合器新的认识。

（二）课前学生要做以下准备

（1）通过云平台查看授课计划。了解上课的内容、具体要求、教学目的、教学重难点等。

（2）通过云平台阅读教学资源，如浏览课件、观看微课、学习视频、查看资料和案例库等，并把看过的教学资源列成清单，以供陈述阶段展示。

（3）任课教师通过云平台提出学习问题，学生带问题去学习，从不同的角度查找解决问题的方法与途径，在课前把问题搞清楚。

（4）通过云平台展开小组讨论交流，每位同学都发表看法，初步形成解决问题的共识。

感知阶段是学生上课前根据教师的安排对即将上课的内容进行预习的阶段，通常是按照教师在教学云平台上发布的任务去准备，在组长的组织下进行预习，目的是让每个组员通过预习，提前了解上课的内容。同时，有目的地培养学生自主学习能力、阅读能力和自主探究能力。

二、设计阶段

课中任课教师介绍即将上的课程内容，首先，提问学生在带问题去感知时是否把问题弄清楚了，可通过提问、抢答的方式进行检查，激发同学的学习兴趣，然后布置设计任务，要求学生根据汽车离合器基本构成方面的知识提出一些问题，如提出"①汽车离合器有什么作用，它在汽车的哪个位置？②离合器坏了会怎样？"两个问题让学生自己思考，通过观看汽车离合器工作原理 Flash 仿真视频，讨论分析离合器的工作原理，接下来交给学生自己去设问，即自己针对汽车离合器工作原理方面提出一些问题，只要跟汽车离合器有关的都可以，每个学生提出的问题先在小组内讨论，然后归纳汇总形成本组代表性的问题，各组对代表性问题进行讨论，形成回答的共识，最后各自写出书面文档交给组长。

在这个阶段里，任课教师是教学的主导者，所引导学生设计的问题或者项目，都要围绕培养学生观察能力、沟通能力、思辨能力和创新能力来进行。

三、实施阶段

针对设计阶段提出"①汽车离合器有什么作用，它在汽车的哪个位置？②离合器坏了会怎样？③离合器的结合状态、分离过程和结合过程是怎样的？"的问题，任课教师要引导学生去观察验证，如"离合器的作用？它在汽车的哪个位置？"，可以给学生观看有离合器和无离合器的摩托车和汽车，去思考这个离合器到底有什么作用，它在车的哪个位置上，也可以给出汽车传动系的简图，让学生找出离合器的位置，通过提问，让学生到讲台上讲自己的认识与理解，教师当场给予加分；又如"离合器的作用是切断和接合动力的传递"这个知识点，首先让学生观看汽车离合器工作原理仿真视频，包括结合状态、分离过程和结合过程三种情况，通过抢答，让学生站起来说一说，当场给回答的学生加分。这些问题都是在任课教师的指导下，由组长组织学生去讨论与探究，小组的每位学生都参与讨论。通过以上提出问题、认识问题和解决问题的方式进行教学，学生最终都能理解问题、回答问题和解决问题。

在这个阶段里，任课教师引导与监督学生去实施，主要培养学生的领导能力、团队协作能力和解决问题的能力。

四、述评阶段

在这个阶段里，各小组推荐代表陈述本组学习的情况，重点汇报遇到的问题，采取什么方法去解决，哪些同学率先做出来，哪些同学去帮助别人，对运用的技术、主要创新点和存在的问题进行简单汇报，最后对小组中的每位同学进行评价。任课教师听完后，就可给学生评分。

在这一阶段里，任课教师让学生自己陈述学习过程，主要是培养学生的语言表达能力与分析能力。

五、课后任务

课后，任课教师登录云平台查看学生的学习成绩，对获得积分低的学生进行提醒，让他们在下一次课中提前做好充分的准备，争取下一次上课拿到更多的积分。此外，任课教师注意查看学生对自己上课效果的反馈与建议，对学生提出的意见进行反思，查找自身的原因，认真思考如何去克服存在的缺点，争取在下一次课中改进，让学生对自己上课效果越来越满意。

教学案例二　提高大学生身体素质

教学背景

历史的经验告诉我们这样一个道理：只有青年富有理想和担当，国家才会有前途，民族才会有希望。而大学生这个最具创造力的群体，在我国社会的发展过程中扮演着重要的角色，为我国建设提供了强大的智力支持和人才保障。但近年来，有许多调查显示大学生的身体状况出现了下降的态势，如果对这种发展态势视而不见、任其发展，必将间接影响我国各项事业的建设。为此，让大学生来讨论"如何提高身体素质"这个问题具有十分重要的意义。

提高大学生身体素质教学简况见表 11-2。

表 11-2　提高大学生身体素质教学简况

授课内容	提高大学生身体素质	课型：理论与实践
授课时间	待定	授课时数：3 学时
教学重点	让学生重视锻炼身体，养成良好的生活习惯	
教学难点	人体由哪几大系统组成？各系统的主要功能是什么	
教学过程	教学内容	教学方法与手段
感知 （课前或课中 10 分钟）	1. 学生通过云平台查看课件和相关资料。 2. 教师提问：①身体素质主要包括哪些方面？②人体由哪几大系统组成？各系统的主要功能是什么？ 3. 小组成员在讨论区中讨论与交流	线上感知、引导、查看资料、讨论
设计 （45 分钟）	1. 提出在"大学生身体素质"方面存在的问题。 2. 请每位学生提出 1～3 个存在的问题。 3. 对问题汇总，提出代表性的问题。 4. 讨论问题，形成回答问题的共识	设计问题、汇总问题、回答问题
实施 （45 分钟）	1. 对代表性问题提出解决方案。 2. 各自去实施、严格要求自己。 3. 写出自己的体会与看法	实施、体验、总结
述评 （35 分钟）	1. 学生对小组学习过程进行总结与评价。 2. 指出小组中每位同学的具体表现，对每位同学评价。 3. 教师总结，给每位同学评分	线下展示、汇报、评价

一、感知阶段

任课教师通过教学云平台发送学习任务，要求学生提前了解授课计划、教学目的、教学重点和难点等，观看课件、视频，浏览相关资料。同时，给学生提出两个问题。

（1）身体素质主要包括哪些方面？

（2）人体由哪几大系统组成？各系统的主要功能是什么？

要求学生带着这两个问题去感知，在上课前搞清楚这两个问题，并写出答案上传、展示与分享，以便任课教师上课时集中讲解。如果学生课前没有时间感知，可以在上课后安排感知，并通过云平台进行讨论与交流。

二、设计阶段

首先通过提问或者抢答来检查学生带着两个问题去感知的情况，了解学生对自己的身体素质掌握的情况，对主动回答问题的学生加分。

接着讲解上课的重点与难点，让学生初步了解上课的主要内容。

随后针对"如何提高大学生的身体素质"这一主题，各组开展讨论，提出在"大学生身体素质"方面存在哪些问题，请每位学生提出 1～3 个存在的问题，组长负责汇总本组的问题，最后整理出 3 个具有代表性的问题，如有一组汇总出如下问题。

（1）平时很少关注自己的身体，生活上比较随意，想吃什么就吃，不讲究。

（2）喜欢玩手机，不注意休息，晚上经常睡得很晚。

（3）认为自己身体没什么大问题，所以平时不注意锻炼身体。

对各组提出的问题进行归类汇总，全班整理出3～5 个具有代表性的问题，如整理出以下问题。

（1）管住自己的嘴，做到平衡饮食。

（2）少玩手机，远离游戏，保护视力，按时作息。

（3）积极参加活动，开展校内外社交，注意锻炼身体。

以上三个问题是全班最终达成的共同认可存在的问题，具有很强的代表性，这时设计阶段主要任务已经完成。

针对全班分类汇总出来的问题，各组长主持开展讨论，各自发表自己的看法，最后组长总结讨论结果，达成回答以上问题的共识。每位学生根据大家形成的共识，独立写出回答问题的方案，方案内容简洁，回答思路清晰，率先写出方案的同学主动去帮助其他同学，大家互相学习，共同完成学习的任务，最后上传方案。

最后任课教师查阅全班上传的方案，从中挑选 1～2 个同学上讲台去展示与分享，并总结与点评，全班同学可参考上台展示同学的方案以及任课教师点评的意见，结合个人的看法重新完善自己的方案。

三、实施阶段

对代表性问题提出的解决方案，组长要指导本组同学进行讨论，引导大家付诸行动。首先，对"管住自己的嘴，做到平衡饮食"这个问题，应该如何去管住自己的嘴，打算什么办，以及如何做到平衡饮食等，都要经过大家一起讨论，要在实际生活中严格要求自己，要学习饮食方面的知识，掌握人体所需要的营养有哪些，平时到饭堂吃饭应明白该选哪种菜吃，尽量自觉做到平衡的饮食。然后，对"少玩手机，远离游戏，保护视力，按时作息"这个问题，首先，检查自己做到了哪些，还有哪些没有做到，要下决心改掉没有做到的不良习惯，做到健康的生活。最后，对"积极参加活动，开展校内外社交，注意锻炼身体"，也一样先进行自我检查，找出问题，然后努力去改进，要对自己严格监督，切实付出行动。在实施的过程中，如遇到难题，应与组长或者组员沟通，共同讨论如何去解决问题，如果解决不了，可请求其他组的同学来帮忙。对热情帮助其他同学的学生，任课教师要在班上表扬鼓励，并给予加分。

四、述评阶段

在这个阶段里，各组轮流派代表陈述本组成员在前三个阶段中的具体表现，主要陈述本组成员具体的学习过程，如讨论问题的时候，哪些同学提出的问题被采纳最多，哪些同学回答问题最完整，遇到困难的时候采取什么办法去解决，哪位同学主动去帮助别人等，最后对本组成员进行评价，任课教师根据各组代表陈述的情况，结合课堂上的表现给每位学生评分。

五、课后任务

上课结束后，教师通过云平台查看学生的学习情况，对积分低的学生进行提醒，鼓励他们在下一次课中积极回答问题，争取拿到更多的积分。此外，教师应查看学生对上课的反馈与建议，对学生提出的意见要重视，查找原因，思考如何去克服缺点。

教学案例三　计算机系统组成及工作原理

在大学一年级，学校通常安排学生学习"计算机应用基础"课程，让学生了解计算机基本知识，为学习其他课程奠定计算机操作基础。而学习计算机基础知识必须要学习计算机系统组成与工作原理，这属于纯理论方面的学习，不容易理解，学生学习兴趣不强。为让学生学好这门课程，我们在教学中引入微动教学法组织教学活动，把教学过程分成四个阶段，学生分成小组进行学习，通过自主探究学习的方式，加深对知识的理解，为计算机应用打下良好的基础。

计算机系统的组成及工作原理教学简况见表 11-3。

表 11-3　计算机系统的组成及工作原理教学简况

授课内容	计算机系统的组成及工作原理	课型：理论与实践
授课时间	待定	授课时数：3 学时
教学目标	通过学习了解计算机的系统组成及工作原理	
教学重点	计算机五大组成部分的工作原理	
教学难点	掌握中央处理器（CPU）和存储器的工作原理	
教学过程	教学内容	教学方法与手段
感知 （课前或课中 10 分钟）	1. 学生通过云平台查看授课计划、课件。 2. 学生通过网上搜看相关资料，了解计算机的工作原理。 3. 教师提两个问题，学生带问题去预习。 4. 小组成员在讨论区中讨论与交流	查看、浏览、讨论
设计 （60 分钟）	1. 教师提出以下问题： ①计算机是如何工作的？ ②计算机硬件部分主要由哪些组成。 ③计算机体系结构是怎样的？ 2. 学生了解问题，能够写出解决方案	设计、提问、写方案
实施 （40 分钟）	1. 根据解决方案去拆装、验证，并查找解决问题的办法。 2. 不断完善实施方案	实施、验证、检查
述评 （25 分钟）	1. 对解决问题的过程进行总结与评价。 2. 指出小组中各位同学的具体表现，给每个同学评分	展示、汇报、评价
布置下次课的 学习任务	复习旧课，预习新课	自学

**教学过程**

首先，教师需通过云平台发出学习通知，要求学生带着"计算机硬件部分主要由哪些组成？"以及"计算机是如何工作的？"两个问题去提前感知有关"计算机硬件系统"方面的知识，然后在课堂上组织学生讨论，形成对"计算机硬件系统"的共识，让学生初步了解计算机硬件部分组成，能绘制计算机硬件的结构图，学会观察计算机是如何工作的，最后每小组派代表汇报，教师点评，具体过程如下。

一、感知阶段

（一）课前，任课教师通过云平台要求学生完成以下工作

（1）通过云平台上传"计算机硬件系统"及"计算机工作原理"教学资源，如课件、微课、视频、参考资料、推荐书目等。提醒学生提前阅读，因教学资源多，任课教师要有意识提醒学生注意掌握阅读的技巧，提高快速阅读的能力，逐步培养学生的阅读能力和自主学习能力。

（2）在云平台上发布学习任务，提出学习要求，引导学生自主去查找答案，培养学生自主探究能力。

（3）通过云平台查看学生对课件、微课、视频、参考资料浏览的情况以及学生在论坛中讨论的情况，以便在上课过程中集中讲解一些难题。

（二）课前，学生要完成以下任务

（1）通过云平台查看授课计划，了解上课要求、教学目的、教学重难点等。

（2）通过云平台阅读教学资源，如阅读课程课件、微课、学习视频、参考资料和案例库等，并把看过的教学资源列成清单，以供学习结束后展示。

（3）通过云平台提出学习问题，学生带问题去准备。

（4）组长组织组员通过云平台发起专题讨论，每个人都发表自己的看法，聚焦问题，共同分析，初步达成解决问题的共识。

二、设计阶段

课中,任课教师先通过云平台发出签到指令,提醒学生签到。然后任课教师通过提问与抢答的方式来检查学生在带问题去感知时是否把问题弄清楚了,对抢答表现较好的学生要及时表扬,以激发全班同学的学习兴趣。在讲新课后,任课教师先简要讲解教学内容的重点难点,然后布置设计任务,要求学生根据计算机硬件系统方面的知识提出一些假设,如提出"如果计算机硬件出问题,开机后会出现什么提示?"和"内存与外存的区别是什么?它们能不能互相替换?"等问题让学生自己去思考,让学生针对计算机硬件部分进行拔插,反复测试与观察,全面了解缺少哪些硬件、会出现哪些问题,这样可以培养学生的观察能力和思辨能力,让学生自己去设问,即自己针对计算机硬件系统方面提出一些问题,只要跟计算机硬件有关都可以。每个学生提出的问题先在小组内讨论,最后归纳汇总形成本组代表性问题,这样不仅可以培养学生的沟通能力,还可培养学生的创新能力,在设计过程中,不管遇到什么困难,都要自己独立去解决,对实在解决不了的问题,先在组内讨论,发挥大家的想象力与智慧,最终都会找到解决问题的方法。

三、实施阶段

针对设计阶段提出的代表性问题进行验证与测试,查找解决问题的方法,如提出的代表性问题"①内存条松动、接触不好,开机后主机屏幕不显示。②计算机运行正常,但一直有滴滴滴的报警声,这为什么?③内存与外存的区别是什么?它们能不能互相替换?"等问题,任课教师要引导学生去验证,如"内存条松动、接触不好,开机后主机屏幕不显示",要求学生先进行小组讨论,查看相关资料,达成解决问题的共识,最后通过验证得到解决问题的办法是:拔掉电源,取下内存条,用橡皮除去接口处的灰尘,再用纸巾擦拭干净。将内存条对位,双手食指顶住卡座两端,大拇指压住内存条,向下压,听到"咔"声,就解决了。在解决"电脑运行正常,但一直有滴滴滴的报警声"这一问题时,可引导学生通过查找相关的资料，根据报警声音长短、数次来判断问题出在什么地方。对于"内存与外存的区别是什么？它们能不能互相替换？"这一问题，首先让学生了解内存是采用半导体存储单元，包括随机存储器（RAM），只读存储器（ROM）以及高速缓存（CACHE），而外存是指除计算机内存及 CPU 缓存以外的储存器，此类储存器一般断电后仍然能保存数据。常见的外存储器有硬盘、光盘、U 盘等。让学生自己去体会内存与外存的区别，这样学生就明白它们是不能互相替换的。这些实验都是在任课教师的指导下，由组长和副组长负责组织学生去验证，小组的每位学生都参与讨论，同时，在学习过程中要发扬团队精神，互相促进，共同解决问题，这对提高学生团队协作能力和解决问题能力都有好处。

四、述评阶段

当实施阶段结束后，各小组要推荐代表陈述本组在感知、设计与实施阶段学习的情况。可通过 PPT、图表的形式来展示学习过程，重点分析遇到的问题，采取哪些方法去解决，哪些学生先完成任务，哪些学生去帮助其他同学，在学习中积累了哪些经验、有什么体会都要汇报，最后对本组中每位同学的表现进行评价，任课教师根据学生的表现评分。述评阶段主要培养学生的语言表达能力和分析能力。让学生学会陈述自己所做的事情，把亲身经历的学习过程与体会说出来，让大家一起分享，目的是在下一次课学习中提高学习效率，对于任课教师来说，通过听学生陈述，了解学生的学习过程，发现学生学习所存在的问题，这对今后授课方法改进有一定的帮助。

五、课后任务

任课教师在课后登录云平台了解学生的学习情况，分析学生学习图表，对获得积分少的学生进行提醒，让他们在下一次课中提前做好充分的准备，争取拿到更多的积分。同时，任课教师重点查看学生对课堂反馈的意见与建议，针对学生提出的意见进行反思，争取在下一次课的教学中改进。

教学案例四　工资管理系统开发

教学背景

在软件开发教学过程中不少教师仍沿用传统的教学模式，这种模式虽然易于操作，但缺点也非常突出。从软件开发的教学组织看，传统的教学模式流程僵化、枯燥，教师在课前预先将教学目的、教学重点、操作步骤等内容书写在黑板上，上课时逐条进行讲解，学生对照就可进行操作，最后完成实验报告。也有些教师直接用"讲"编写代码来代替"设计"程序，学生仅仅对程序设计步骤进行机械的重复、记忆，课后遗忘率很高。从学生编程的思维方式看，学生在整个教学过程中处于从属的、被动的地位，缺乏独立思考、讨论和提问的过程，容易形成惰性，创新性思维被禁锢，程序设计兴趣荡然无存，学生的实际操作水平、提出问题、合作交流等能力没有得到体现，求异思维没有得到拓展，不利于学生综合素质的提高。

教学简况

工资管理系统开发教学简况见表 11-4。

表 11-4　工资管理系统开发教学简况

授课内容	工资管理系统开发	课型：理论与实践
授课时间	待定	授课时数：5 学时
教学目标	通过开发，掌握系统设计基本方法与开发流程	
教学重点	系统的总体网络拓扑结构设计	
教学难点	系统开发环境的构建	
教学过程	教学内容	教学方法与手段
感知 （课前或课中 10 分钟）	1. 教师通过云平台布置学习任务。 2. 学生观看视频、课件和查阅有关资料。 3. 学生带着问题去感知。 4. 小组讨论	线上引导、查看、讨论

续表

	主要设计任务：	
设计 （135 分钟）	1. 系统总体设计和功能设计。 2. 系统开发环境的构建。 3. 后台架构和编写后台代码。	线上线下、设计、 提问、质疑
实施 （45 分钟）	1. 对设计的结果进行测试与检验，不断修改与完善，确保程序运行稳定。 2. 上传，展示	线上线下、测试、 检验
述评 （35 分钟）	1. 各小组分别汇报系统开发情况，对开发过程进行总结。 2. 教师总体评价，给予每位学生评分	线下展示、汇报、 评价
布置下次课 的学习任务	复习旧课，预习新课	自学

 教学过程

首先，在云平台发布学习信息，要求学生带着"工资管理系统开发的基本流程是什么"和"后台开发使用什么编程语言"两个问题去提前感知，然后在课堂上组织学生讨论系统总体设计和功能设计，形成对"工资管理系统开发"设计的共识，各小组成员独自编写程序，完成工资管理系统的设计与开发，最后每小组派代表汇报，教师点评，具体过程如下。

一、感知阶段

（一）课前，任课教师通过教学云平台做以下准备工作

（1）上传"工资管理系统开发"教学资源，如课件、微课、视频、参考资料、推荐书目等。提醒学生提前浏览、阅读，引导学生养成快速阅读的习惯，培养学生的阅读能力和自主学习能力。同时，提醒学生把看过的教学资源列成表格清单，以方便在最后阶段述评时展示出来。

（2）在云平台上发布学习任务，提出学习要求、教学目的和教学重难点等。让学生了解学习任务，掌握学习目的，特别要关注学习重点与难点，引导学生自

主去探究学习，对疑难问题可通过云平台进行小组讨论与分析。

（3）通过云平台查看学生课前准备的情况，主要看学生对课件、微课、视频、参考资料观看的情况以及学生在论坛中讨论的情况，了解学生认为比较难理解的问题有哪些，以便在课堂上统一讲解这些难题。

（二）课前学生做以下准备工作

（1）通过云平台查看授课计划。了解上课的内容、具体要求、教学目的、教学重难点等。

（2）通过云平台阅读教学资源，如看课件、微课、视频、参考资料和案例等，并把看过的教学资源列成清单，以供学习结束展示。

（3）通过云平台开展小组讨论与交流。针对学习任务由组长发起小组讨论，组员发表各自的看法，聚焦问题头脑风暴，初步形成解决问题的共识。

二、设计阶段

上课后，任课教师首先通过云平台发出签到指令，提醒学生现场签到。接着任课教师向学生介绍有关工资管理系统开发的要求，提醒各组先做好系统总体设计和功能设计，绘制设计流程图，编写程序代码等。根据任课教师的提示，各组组长组织学生开展讨论，首先讨论系统总体设计和功能设计方面的问题，每位学生都要发表个人的看法，对系统的各个模块谈谈自己的设计思路，绘制系统设计流程图，通过头脑风暴、集思广益，初步形成系统设计的共识。对系统数据库设计方面，建议使用 SQL Server 2008 构建数据库，因为它是一个支持多用户的数据库，适用于中大型规模的数据量需求。根据工资管理系统需求分析结果，制定核心基础数据人员信息表，以人员信息表中的关键字为核心构建关联的数据链表。其次，对后台进行架构，使用 C#作为系统的后台开发语言，它作为一种现代的编程语言，提供完善的执行控制语句、类与对象的支持及丰富的数据类型，给开发高性能系统提供了保障，并且代码模块化程度的提高，非常有利于系统以后的扩展与修改。大家形成设计的共识后，各组在组长的带领下各自进行程序设计，每个学生都独自编写程序代码。在各自设计过程中，建议大家发扬团结协作的精神，鼓励会做的同学去帮助不会做的同学，以提高他们的沟通能力和创新能力。在程序设计方面，无论遇到什么困难，应先在组内讨论，发挥本组学生的集体智慧，同心协力，最终都会找到解决问题的办法。

三、实施阶段

完成了系统总体设计和程序设计以后，由组长组织学生去测试与完善。首先，组织学生学习系统检测的方法以及程序代码测试的技巧，让每位同学掌握检测的方法，提高检测的效率。对于测试不通过的程序，要组织全组同学讨论，认真分析问题所在，大家共同想办法去解决。总之，任课教师布置任务以后，组长和副组长负责组织本组学生去完成任务，每位学生都要参与其中，组长要对任课教师负责，认真把本组的学习任务落到实处。一方面，确保完成任课教师交给的任务，另一方面，也有助于提高个人的领导能力。同时，在学习的过程中同学们要发扬团结的精神，集思广益，共同解决难题，这对培养学生的团队协作能力和解决问题能力都有很大的帮助。

四、述评阶段

实施阶段完成后，各组推荐代表在全班陈述前三个阶段的学习情况并进行自我评价。负责陈述的代表主要从人员分工、程序设计的过程、协作完成任务的情况进行汇报。重点汇报小组遇到难题的时候是如何去解决，哪些同学率先做出来，哪些同学主动去帮助别的同学，对采用的技术和主要创新点也要汇报，最后对小组中的每位同学进行评价。任课教师听完汇报后，即可对该组每位学生评分。

在述评阶段任课教师要有意识地培养学生具有两种能力：一是语言表达能力，轮流派代表汇报，组内每人都有机会代表本组进行陈述，这对于提高学生个人的口头表达能力很有帮助，要积极营造一个和谐的语言环境，多表扬、多鼓励，消除学生的心理障碍，增强学生的自信心；二是分析能力，在陈述程序设计的时候，首先谈谈自己如何去构思，如何抓住问题的关键进行分析，引导学生养成思考与分析的习惯。

五、课后任务

课后，任课教师通过云平台查看学生的学习图表，对学生学习的情况进行分析，为下一次课提高教学效率做好准备。同时，任课教师要注意查看学生对课堂教学反馈的意见与建议，针对学生提出的意见进行全面梳理与汇总，找出存在问题的原因，争取在下一次课中改进。

教学案例五 柱钢筋绑扎及验收

本次课内容选自教材《平法识图与钢筋翻样》中的任务七"柱钢筋绑扎及验收"，主要学习柱钢筋绑扎及柱钢筋成果模型验收等知识要点，按图下料需要学生细心耐心，钢筋绑扎看似简单但需将钢筋连接得紧密牢固且迅速则不易，反复练习过程中学生会逐渐失去耐心与信心，如果还是沿用传统的教学方法，教师"满堂灌"，学生学习兴趣不高，培养出来的建筑人才质量也不高。为提高人才培养质量，必须要调动学生学习的积极性，推行积分奖励办法，在教学中采用线上线下混合式教学模式，引入 AR 技术，将现实与虚拟相融合，将难理解的知识展现得形象具体，使学生积极参与，从而提高学习效率。

柱钢筋绑扎及验收教学简况见表 11-5。

表 11-5 柱钢筋绑扎及验收教学简况

授课内容	柱钢筋绑扎及验收	课型：理论与实践
授课时间	待定	授课时数：3 学时
教学目标	素质目标：1. 培养学生创新能力和创造精神； 2. 培养学生具有劳模精神、劳动精神、工匠精神。	

续表

教学目标	知识目标：1. 掌握柱钢筋绑扎制作的流程和方法； 2. 掌握柱钢筋绑扎验收方法。 能力目标：1. 具有钢筋绑扎和验收的能力； 2. 能通过小组合作攻坚克难完成钢筋绑扎制作	
教学重点	柱钢筋绑扎验收	
教学难点	柱钢筋绑扎制作	
教学过程	教学内容	教学方法与手段
感知 （课前或课中 10 分钟）	1. 学生通过云平台查看授课计划、课件。 2. 学生通过网上搜看相关资料，了解柱钢筋绑扎制作的流程和方法。 3. 教师提两个问题，学生带问题去预习。 4. 小组成员在讨论区中讨论与交流	查看、浏览、讨论
设计 （60 分钟）	1. 教师提出以下问题： ①钢筋绑扎的技巧有哪些？ ②钢筋绑扎质量的优劣对工程的影响程度是怎样的？ 2. 学生根据问题写出解决方案	设计、提问、写方案
实施 （40 分钟）	1. 根据解决方案去实验、验证，并查找解决问题的办法。 2. 不断完善实施方案	实施、验证检查
述评 （25 分钟）	1. 对解决问题的过程进行总结与评价。 2. 指出小组中各位同学的具体表现，给每个同学评分	展示、汇报、评价

一、感知阶段

（一）学习要求

通过云平台发送学习任务，为学生设置学习情境，要求学生提前感知相关课程资料，将以下课程资料推送给学生识读。

1. 课件

设计意图：课前了解授课主要内容，形成本课程学习知识初步框架，并在教学平台讨论区反馈预习效果，以便老师课前根据学生学情及时调整授课内容，提高学生学习效率，提升学习效果。

2. 微课视频

设计意图：课前了解钢筋绑扎技巧，为课中实训老师讲解奠定基础，视频支持反复观看，方便学生技能提升，掌握绑扎要领。视频观看支持学生发放弹幕，加入学生熟悉的生活细节，充分调动学生学习积极性，化被动学习为主动学习，及时了解学生对绑扎技巧的学习情况。

（二）提出问题

根据授课要求，提出"钢筋绑扎的技巧有哪些？"和"钢筋绑扎质量的优劣对工程的影响程度是怎样的？"两个问题。

设计意图：让学生带着问题去学习、思考，让学生领悟岗位职责的重要性，课前对学习内容有初步的认识。

二、设计阶段

根据教学目标的要求，对"柱钢筋绑扎及验收"设计多个学习环节，然后分组讨论，提出一些相关的问题。

（1）教师下发柱钢筋绑扎下料单让学生了解、掌握钢筋绑扎验收程序有哪些。

设计意图：以任务为导向，发布任务单，使学生转换岗位角色，化被动学习为主动探究学习，快速融入课堂。

对接素质目标：培养学生爱岗敬业的劳模精神、精益求精的精神、工匠精神。

（2）企业导师按事前预约时间来到课堂现场，企业导师结合视频讲解柱钢筋模型制作的准备、施工方法，演示工具的使用，现场演示钢筋绑扎的方法。

设计意图：强调安全和质量第一的理念，培养工作岗位能力。

对接知识目标：掌握柱钢筋模型制作的流程和方法。

对接素质目标：培养严把质量关的素养。

（3）通过手机操控投屏，AR 展示钢筋绑扎流程，了解钢筋验收内容，结合柱钢筋配筋表，对柱截面尺寸、角筋、中部筋、箍筋型号和箍筋信息等验收重点内容进行讲解。

设计意图：AR 技术呈现内容是将现实与虚拟相融合，虚拟素材的展示非常的生动、形象、直观，增强学习体验，提升了实验的互动性、内容的有趣性、视觉的创新性，让学生更牢固掌握柱钢筋验收的重点，了解验收的过程和程序，掌握验收步骤，具备完成钢筋绑扎模型验收的能力。

对接素质目标：AR 技术的创新将现实与虚拟相融合，将难理解的知识展现得形象具体，则以新科技新技术促进学生不断学习进步，培养学生自我创新意识，以社会所需高素质人才标准要求自己。

对接知识目标：掌握柱钢筋模型验标准。

对接能力目标：具备完成钢筋绑扎模型验收的能力。

三、实施阶段

在实施阶段，教师告知学生去实施并检验各自钢筋绑扎效果。在这个阶段，教师引导学生按照课程设计实施的目标与要求，在组长的带领下各司其职，自主按照任务单的要求去完成任务，根据完成情况，实行多样评分机制进行计分。具体实施如下。

（1）组织各小组按配筋图等进行自检，要求学生填写自检评分表；组织小组质检员顺时针转到下一小组检查模型，填写互检评分表；质检员互检过程中，教师、企业导师参与各小组检查，并填写企业导师检查评分表；教师巡场完成专检，填写教师检查评分表。

设计意图：钢筋结果评价验收实行小组自检—小组互检—教师、企业导师专检，执行多样考核评价方式，学生进行角色扮演，对接岗位知识和技能，提高学生实战经验，企业导师专业授课培养学生爱岗敬业的精神、劳动精神和工匠精神。

（2）结合钢筋绑扎验收相关知识点，以顺口溜进行总结，教师吟唱顺口溜"钢筋绑扎有奥秘，听我把它说仔细，钢筋接头要错位，连接方法有三种，梁柱交接核心区，箍筋乱放不允许，汶川地震有教训，没有加密出问题"。

设计意图：顺口溜总结，生动易懂，让学生更容易接受钢筋绑扎的知识点。

四、述评阶段

（1）各组轮流派代表汇报。对本节课钢筋绑扎及验收过程分享学习经验、对学习整个过程进行总结，增加学习深度，强化知识记忆。

（2）各组代表主要汇报学习过程和每位同学的表现，对本组同学进行评价，最后教师给予评分。学习表现评价表见表 11-6。

表 11-6 学习表现评价表

活动项目	评价项目	自评	同学评	教师评	企业导师评
感知阶段	按时观看视频和课件，阅读教材和相关资料；讨论与交流，发表个人的看法				
设计阶段	能按教学任务要求进行合理设计，完成实训；柱钢筋实训过程各个角色任务安排合理，各司其职				
实施阶段	能按照实训方案要求实施，柱钢筋绑扎过程井然有序；经过严格的检查、修改与测试；做到安全文明施工，工完场清				
述评阶段	各小组代表汇报，分享所获所得，陈述自然流畅、思路清晰。各小组代表总结，对整个验收过程进行评价，教师给予评分				
教师评定					

注：评价等级，A—优秀，B—良好，C—中等，D—合格，E—不合格。

五、课后任务

教师要及时通过云平台查看学生的学习成绩图表，分析全班学生的学习情况。对积分低的学生进行提醒，鼓励他们在下一次课中积极回答问题，争取拿到更多的积分。此外，教师还要查看学生对教师上课的反馈与建议，对学生提出的意见要重视，主动查找原因，及时改进，力争下次课让学生更加满意。

教学案例六　应用软件综合开发

教学背景

项目教学是在任课教师的指导下，将一个相对独立的项目交由学生去完成，信息的收集、方案的设计、项目实施及最终评价都由学生自己负责，学生通过该项目的实施，了解并把握整个过程及每一个环节中的基本要求。项目教学最显著的特点是"以项目为主线、教师为引导、学生为主体"，项目教学是师生共同完成任务、共同取得进步的教学方式。

利用微动教学法组织项目教学活动，把整个教学过程分为感知、设计、实施和述评四个阶段，每个阶段都有明确的能力培养意图，首先，通过云平台发出授课通知，让学生提前去感知有关应用软件综合开发方面的知识，然后根据项目开发要求进行设计，设计完以后组织实施与验证，最后进行统一述评，根据每个学生的表现给以评分。

教学简况

应用软件综合开发教学简况见表 11-7。

表 11-7　应用软件综合开发教学简况

授课内容	应用软件综合开发	课型：实践
授课时间	待定	授课时数：20 学时
教学目标	1. 通过本课程的学习，学生能熟练地掌握数据库工具和软件开发工具，熟悉团队开发项目的过程和方法，形成科学编程思想和良好工作习惯。 2. 培养学生树立科学的、积极向上的人生观，促进关键能力的形成，增强团队合作意识，提高综合利用专业知识解决实际问题的能力	

续表

教学重点	程序开发之公共模块设计	
教学难点	程序开发之参数化设计、程序开发之安全技术运用	
教学过程	教学内容	教学方法与手段
感知 （课前或课中 1 学时）	1．学生提前感知课件、视频与参考资料。 2．阅读《ASP.NET 项目开发案例精粹》（炎士涛等编著），《精通 ASP.NET3.5 企业级开发》（王岩编著），《Visual C#.NET 项目开发实用案例》（王立丰编著）	引导、阅读、做笔记、讨论
设计 （15 学时）	设计步骤： 1．教师提出设计要求。 2．学生分组讨论，形成设计的共识。 3．各自设计，编写程序代码。 4．上传设计代码，展示。 5．修改与完善	设计、提问、质疑
实施 （3 学时）	1．学生根据设计方案去做实施、检查与验证。 2．学生修改与完善设计方案。 3．展示设计方案、分享学习经验	实施、验证、完善
述评 （1 学时）	1．陈述学习过程，给每位同学评价。 2．对全班学习进行总结，对每位同学评分	展示、汇报、评价
布置下次课的学习任务	复习旧课，感知新课	自学

教学过程

首先由任课教师提出分组原则，班长和学习委员负责组织酝酿分组，以自愿组合的方式进行，各小组中学习成绩优、中、差各有之，每组 5～8 个人左右，分组后由组员推选组长，任课教师主持召开小组长会议，明确组长职责为主持本组完成任课教师交给的各项学习任务，根据每位组员的特点分配任务，鼓励组长积极开展工作，要求组员除了承担特定的分任务外，还须独立承担系统中某个子模块的开发，鼓励率先完成学习任务的同学主动去帮助本组同学，或者去帮助其他组的同学。

一、感知阶段

（1）课前任课教师通过云平台完成以下工作。一是上传软件综合开发方面的教学资源，如课件、微课、视频、参考资料、推荐书目等。二是在平台上发布学习任务，提出具体学习要求、教学目的和教学重难点等。三是提出通过学习要解决的问题：①界面设计美观，信息量大且浏览方便吗？②数据库设计约束考虑全面如何？有视图、触发器和存储过程的合理应用吗？③代码共享度方面，是采用了公共类等什么技术？④业务数据维护功能是否完整？有权限控制和数据合法性检查如何？四是通过云平台查看学生学习情况，以便上课时有针对性讲课，如查看学生对课件、微课、视频、参考资料观看的情况以及学生在论坛中讨论的情况，了解学生认为难解决的问题有哪些，以便上课统一讲解。

（2）课前学生做四个方面的准备：一是通过云平台查看授课计划，了解上课的内容、具体要求、教学目的、教学重难点等；二是通过云平台阅读教学资源，如阅读课程标准、课件、微课、视频、参考资料和案例等；三是带着问题去感知；四是针对解决的问题，展开小组讨论交流，各自发表看法，课前形成解决问题的共识。

二、设计阶段

在项目教学中，由云平台严格考勤，首次上课任课教师要介绍上课的基本要求，提问学生在带问题去预习时是否把问题弄清楚了，可通过抢答的方式进行检查，请预习的同学站起来讲解，激发全班同学的学习热情，然后，任课教师对授课内容的重难点进行详细讲解，让学生了解本次课学习的目标，最后布置学习任务，由组长组织去完成学习任务，在设计过程中遇到难题时，要集中大家的智慧去解决，充分发挥大家的潜能，激发每位同学的学习积极性。项目的设计过程分为以下几个方面。

1. 公共模块设计

（1）教学内容：类文件使用、用户控件的使用方法、模版技术等、MVC 设计模式等。公共模块设计主要在小组中开展，要指出其重要性。

（2）重难点：初步形成面向对象编程思路，设计一个相对简单例子让学生模仿练习。难点是 MVC 设计模式，本次课初步了解即可，需要后面不断地实训才能逐步加深对设计模式的认识。

（3）教学要求：了解软件开发代码共享程度，学会用户控件技术和模版技术。

2. 数据库设计

（1）教学内容：掌握数据库分析方法和手段，如设计范式和 E-R 图绘制等，写出数据字典。根据业务规则或业务输出内容，进行视图、存储过程设计，并应用到小组项目设计中。PowerDesigner 或 CA ERwin 数据库建模工具使用。

（2）重难点：掌握数据库分析方法和手段，采用案例教学和个性化教学，视图与"存储过程"的设计。

（3）教学要求：在需求分析充分的前提下，开展数据库设计工作。至少达到第二范式要求，不超过第三范式的要求。借助 E-R 图整体把握数据库设计，理顺各表之间的关系，清楚哪个表是核心表。这个时期，形成数据字典、系统设计总体框架（数据流）等文档。通过本次课，让学生明白数据库设计的目的。

3. 客户端人性化设计

（1）教学内容：网页合理布局的一般方法，DIV+CSS、JavaScript、Ajax 等客户端技术应用。

（2）重难点：网页合理布局，要求学生在互联网上多看一些设计比较成功的网站，然后归纳总结出规律性的认识，或者由指导教师点评一些优秀作品，提高学生对美的鉴赏水平。

（3）教学要求：学会网页合理布局的一般方法。学会 DIV+CSS、JavaScript、Ajax 等客户端技术应用。客户端人性化设计，需要注意许多方面，比如美观、易操作等方面，在不断的练习中体会这些技术的应用，总结制作经验。

4. 参数设计

（1）教学内容：项目开发与产品开发的区别。分别从软件工程、市场开拓、参数化程度的角度阐述。系统环境参数文件的配置及其在程序中应用。比如数据库连接字符串；全局变量，每页记录数，上传资料的路径，上传文件大小限制，各种逻辑开关，全局页面风格，微软身份认证机制，数据库参数表的设计及其在程序中应用等。

（2）重难点：发现问题及时纠正，解答学生所有的疑惑。如何把握软件参数化程度，保证软件的可控性与业务自适应性的统一。

（3）教学要求：通过案例分析，让学生明白项目与产品的区别，知道为什么要提高项目的产品化程度。了解提高项目产品化的各类技术手段，并运用到小组作品中。

以上设计，任课教师要根据教学目标，结合学生的实际提出项目设计内容与要求，主要围绕问题的解决，引导学生从现实的情况出发，从问题存在的缺点开始，首先组织组员进行头脑风暴，达成设计的共识，最后各自独立完成设计任务。

5. 能力培养设计

在这个阶段里，任课教师的教学要有针对性、有意识地从上课开始，就引导学生充分发挥个人的想象力，团结协作，设计出解决问题的方案，这个过程主要培养学生具有四个能力。

（1）观察能力。针对设计的任务，任课教师要引导学生围绕设计的意图寻找观察点，引导学生学会观察，有目的地培养学生养成良好的观察习惯，培养他们的观察兴趣，激发他们的好奇心和求知欲。

（2）沟通能力。在项目设计中，任课教师要与各组长进行经常性的沟通，组员间要常沟通，通过沟通增进学生间的了解，增强团队的凝聚力。

（3）思辨能力。在设计阶段任课教师要精选题目，引导学生进入思辨的情境中，鼓励学生提出质疑，对质疑问题进行思辨，通过分析数据和分析检验结果培养学生的思辨能力。

（4）创新能力。在项目设计中要引导学生主动参与讨论，激发学生的创新兴趣，要尊重学生的好奇心，抓住学生的心理特点正确引导，有助于发挥学生个人的想象力，刺激他们的创造力。

三、实施阶段

在这一阶段里，主要对模块设计、数据库设计、客户端人性化设计和参数设计进行测试、检验与完善，任课教师要对任务实施的目标与要求进行说明，然后要求组长组织组员讨论，发表自己的看法，形成实施的共识后各自去实施。这个阶段主要培养学生三种能力。

（1）领导能力。在实施的过程中，任课教师要放手给组长去组织实施，鼓励组员各显身手，学会担当作为，主动参与科学决策，支持每个同学独立去完成实施任务。

（2）团队协作能力。任课教师要有意图培养学生具有团队精神，让他们具有集体的荣誉感，引导他们建立团队激励机制，促进他们之间的协作。

（3）解决问题能力。在实施中，任课教师要引导学生从多角度去考虑如何解决问题，从不同角度去寻找解题思路，通过这些途径培养学生解决问题的能力。

四、述评阶段

在这阶段里，各小组要陈述在感知、设计、实施阶段完成任务的情况。着重汇报项目启动后同学们如何去准备、如何去完成项目的过程。特别是遇到问题的时候如何解决，谈谈自己有什么体会，把好的经验说出来与大家分享，其中，要说明有哪些同学率先完成任务，哪些同学去帮助别的同学，并对小组中的每位同学进行评价。任课教师听完汇报后，即可对学生进行评分。这个阶段主要培养学生两种能力。

（1）语言表达能力。采用轮流汇报的方式，每个学生都有机会对本组完成项目情况进行陈述。把自己经历过的事情讲出来，有助于提高学生的语言表达能力。

（2）分析能力。在做项目过程中，总会遇到一些难以解决的问题，对这些问题任课教师要教会学生如何去分析与解决，引导学生学会洞察问题的本质，抓住问题的关键来思考，有助于培养学生的分析能力。

五、课后任务

课后，教师通过云平台查看学生的学习情况，对积分低的学生进行提醒，鼓励他们争取下一次课中积极回答问题，拿到更多的积分。此外，教师应查看学生对教师上课的反馈与建议，对学生提出的意见要重视，主动查找原因，思考如何去改进，力争下次课更好。

教学案例七　爱国教育

在学校开展爱国教育中，常见的有五种方式：一是参观红色教育基地，接受红色教育，传承红色基因，弘扬爱国精神；二是通过参加升旗仪式，对学生进行爱国教育；三是通过听讲革命故事，了解革命先辈爱国事迹，激发学生的爱国热情；四是通过观看红色电影，铭记光辉历程，培养爱国情怀；五是开设相关课程，通过课程学习，使学生产生爱国热情。这五种教育方式，不管是哪一种，教育效果都不很理想，不能使学生学习爱国达到入脑、入心，激起学生真正的爱国热情。

利用微动教学法组织学生学习爱国教育，将教育过程分为感知、设计、实施与述评四个阶段，各个阶段都有明确的教育目的，教育任务比较清晰，整个教育过程采用智能化引导与监控，记录学生的学习过程，教学评价公正、客观、合理，教学效果优于以上教学方式。

爱国教育教学简况见表11-8。

表 11-8　爱国教育教学简况

授课内容	爱国教育		课型：理论与实践
授课时间	待定		授课时数：30 学时
教学目标	通过学习教育，使学生心中产生爱国情怀		
教学重点	自我教育，自觉践行		
教学难点	引导学生自觉养成，做到内化于心，外化于行		
教学过程	教学内容		教学方法与手段
感知 （课前或课中 1 学时）	1. 学生看课件、视频与资料，读爱国书籍。 2. 学生提炼爱国观点，与小组同学讨论		引导、查看、讨论
设计 （20 学时）	爱国方案设计： 1. 国家取得巨大成就的主要原因是什么？ 2. 我对爱国持有的观点是什么。 3. 我的爱国行动设计。 4. 上传、展示与分享		设计、提问、质疑
实施 （7 学时）	1. 组织学生讨论与分析，形成实施的共识。 2. 根据设计的方案去践行，去养成		实施、验证、出方案
述评 （2 学时）	1. 召开汇报会，每个学生陈述开展爱国教育的情况。 2. 总结与评价，给每个学生评分		展示、汇报、评价

教学过程

　　课前通过云平台发出学习通知，要求学生提前去感知爱国相关资料，提炼出对爱国持有的观点，认真做好爱国行动设计，从小事做起，自觉践行，养成习惯，最终达到爱国教育入脑、入心。

一、感知阶段

　　（1）课前任课教师通过云平台发布爱国教育的教学资源，如课件、微课、视频、参考资料、推荐书目等，提醒学生把看过的教学资源列成清单，以便在述评时展示出来。同时在云平台上发布学习任务，提出具体学习要求、教学目的和教学重难点等；教师让学生明确学习任务和学习目的，关注学习重点与难点。给学生提出"你对爱国持有什么观点"这一问题，使学生带着问题去浏览爱国的资料，提炼出自己对爱国持有的观点。教师通过云平台查看学生对课件、微课、视频、参考资料观看的情况以及学生在论坛中讨论的情况，了解学生感觉比较难的问题有哪些，以便上课重点讲解。

（2）学生通过云平台查看授课计划，了解授课内容和要求，在云平台上阅读教学资源，如阅读教学目的、课件、微课、视频、参考资料和案例等，并把看过的教学资源整理成阅读教学资源统计表，见表 11-9。

表 11-9　阅读教学资源统计表

时间	阅读的教学资源	作者	备注
	《心灵长城》	张岱年	
	《红岩》	罗广斌、杨益言	
	……	……	

学生带着问题去学习，从不同角度去了解历史上的爱国人物与爱国故事，在此基础上由组长在云平台上发起爱国专题讨论，每位学生发表自己的看法，在学习中思想得到升华，在头脑风暴中产生火花，初步形成自己的爱国观点。

二、设计阶段

在设计阶段，任课教师要根据爱国教育的目标，结合学生的现实情况提出设计要求，主要围绕自我教育进行设计，引导学生从小事做起，逐步树立为人民服务的意识，今后立志为中华民族伟大复兴作贡献。结合学生的实际情况提出这一问题："作为当代大学生应该如何做才能体现自己爱国？"让学生分组讨论，大家发表各自的看法，形成一定的共识后，每个学生各自独立进行设计。

为做好爱国教育设计，任课教师要引导学生结合自身的岗位来进行分析，提醒学生从身边的小事做起就是爱国的一个具体表现，可从十个爱（爱党、爱家、爱学习、爱单位、爱自己、爱运动、爱劳动、爱生活、爱文明、爱人民）方面来进行设计。每个爱都是爱国的具体表现，学生可选择其中一个爱进行设计。

为引导学生做好十个爱的设计，可安排专业教师或者辅导员分专题给学生讲解，组织学生开展讨论，引导学生厘清思路，结合个人的实际情况进行爱国教育设计，经过近两个月的学习、讨论与设计，制订出爱国教育的实施方案，具体设计要求见表 11-10。

表 11-10　爱国教育实施方案的设计要求

项目	基本要求	实施方案
1. 爱党	1. 学习党的历史，了解党的辉煌历程，从中汲取奋进的力量	√
	2. 听党话，跟党走，全心全意为人民服务	√
2. 爱家	1. 学会感恩，利用假期为父母分担家务，常与父母沟通	√
	2. 爱家乡的山山水水，积极为家乡争荣誉，与家乡父老乡亲、兄弟姐妹友好相处	√
3. 爱学习	1. 树立正确的学习观，珍惜在校学习的机会，养成主动学习的习惯	√
	2. 学好本专业知识，掌握专业技能，拓展学习领域，提高综合素质	√
4. 爱单位	1. 积极参与宿舍建设、热爱班集体、热爱二级学院、热爱母校	√
	2. 热爱实习单位，热爱工作单位，对即将走上的工作单位充满信心	√
5. 爱自己	1. 制订个人生涯规划，按规划认真去实施，为实现自己的人生目标不懈奋斗	√
	2. 查找自己在学习、身体、为人处世方面存在的缺点，制订改进计划，分阶段实施	√
6. 爱生活	1. 生活要有目标、有意义，对生活充满信心，为美好生活而努力奋斗	√
	2. 生活要有智慧、有质量、有追求，要查找生活存在的问题，不断改进生活方式，快乐地活着	√
7. 爱运动	1. 树立生命在于运动的意识，让运动伴随生命的进程，以适量运动为主	√
	2. 喜欢一两项体育运动项目，掌握运动技巧，养成运动的习惯	√
8. 爱劳动	1. 树立劳动意识，认同劳动创造了幸福，劳动光荣，立志通过劳动改变自己的命运	√
	2. 积极参加集体劳动，认真做好宿舍值日工作，主动把家中的各项事务做好	√
9. 爱文明	1. 积极弘扬中华传统文化，讲文明礼貌，做文明使者，爱清洁卫生	√
	2. 积极参与文明宿舍、文明校园和文明城市建设，主动讲文明树新风	√
10. 爱人民	1. 树立为人民服务的意识，积极维护人民的利益，爱护公物财产	√
	2. 与同学、同事友好相处，尊老爱幼，乐于帮助别人	√

在制订方案时，对每个方面要组织学生认真讨论，查找每个方面存在的缺点，针对这些缺点提出改进计划，例如在"爱家"方面，可按照两点基本要求进行反思，"①学会感恩，利用假期为父母分担家务，常与父母沟通；②爱家乡的山山水水，积极为家乡争荣誉，与家乡父老乡亲、兄弟姐妹友好相处"，查找在"爱家"方面还有哪些做得不够，大家可以一起讨论，也可以经过头脑风暴，各自发表自己的看法，最终达成以下共识，见表 11-11。

表 11-11　整理查找存在问题

序号	存在问题
1	缺乏感恩意识，不知道如何表达感恩，或者不敢表达
2	对父母关心不够，不主动分担家务，与父母沟通较少
3	不关心家乡的建设，参与家乡的活动不多，对村庄发展不关注
4	不主动与父老乡亲打招呼，兄弟姐妹之间交流不多

针对以上存在的问题，在小组内进行讨论与分析，查找存在问题的根源，提出改进的措施，列出改进清单，见表 11-12。

表 11-12　改进清单

序号	改进措施
1	通过学习，增强感恩意识，从语言和行动上表达感恩
2	关注父母的身体状况，主动帮父母做家务，常与父母沟通
3	关心家乡的建设，参与家乡各项活动，与家乡搞好关系
4	主动与父老乡亲打招呼，常与兄弟姐妹电话沟通，增进感情

设计问题是爱国教育的重要环节，在具体教育中，同样的学习内容，如果任课教师在设计问题时呈现方式不同，教学效果可能完全不一样。在设计问题时首先要找准在哪个方面设计，然后再考虑如何设计，明确哪些问题是让学生个人思考，哪些问题需要学生分组讨论，设计的问题必须紧扣爱国教育的重点与难点，呈现清晰的教育思路，从纵向与横向的教育综合考虑，彰显教育的线索和结构。要大体有一个问题设计的走向，体现出问题之间的内在联系，最好有承上启下、

拓展延伸、前后呼应、环环相扣等特点，问题要有一定的思维容量，有思考价值，不应是简单的一问一答。

三、实施阶段

当学生完成了感知、设计以后，接下来就进入实施阶段，在这一阶段里，任课教师要告知学生按照爱国教育基本要求和实施方案去讨论与实施。首先，每个同学完成了设计方案以后，由组长组织大家讨论如何去实施，各自发表自己的意见，相互启发，形成实施的共同思路，每位同学结合个人的实际情况确定如何实施。例如，针对"关注父母的身体状况，主动帮父母做家务，常与父母沟通"这个问题，每个学生提出具体的实施计划，如：多与父母聊天，听父母讲家族的发展史，了解家中长辈的故事，从中了解到自己父母的经历，在放寒假期间，主动帮助父母干活，如煮饭、做菜、洗碗、扫地等，了解父母身体有什么不舒服，主动带父母去医院检查身体；在学校读书期间，每个月打两次以上的电话给父母，向他们汇报自己的学习情况，同时也了解父母的情况。对每项要改进的措施，都要认真去实施，并在实施的过程中，拍下一些照片或者留下一些记录，以便在述评阶段汇报时展示。

四、述评阶段

当实施阶段完成后，各小组推荐一名同学上讲台汇报。推荐这个代表主要从分组情况、个人表现、任务完成、协同讨论等方面进行汇报，着重汇报遇到难题时同学们是如何去解决的，哪些同学做得最好，哪些同学帮助其他同学。可上传设计方案，展示学习作品，分享小组的学习经验，并对每位同学的表现进行评价。任课教师听完汇报后，对每位学生进行评分。

五、课后任务

学习结束后，教师通过云平台查看所有学生的学习成绩，对积分低的学生进行提醒，鼓励他们争取下一次课中积极回答问题，拿到更多的积分。此外，教师应查看学生对教师上课的反馈与建议，对学生提出的意见要重视，主动查找原因，考虑如何去改进，力争下次课上得更好。

教学案例八　筹集资金业务的核算

在会计基础知识学习中，学生常常感觉编制会计分录十分困难，对工业企业和商业企业有什么不同不太清楚，也不太明白企业的资金从哪里来，因此，有必要让学生学习资金筹集业务方面的知识。通过学习，学生了解企业的资金筹集过程，明确资金筹集业务的核算内容，了解资金筹集业务核算账户的结构及使用，学会运用借贷记账法基本原理。教师可以通过问题导向组织教学活动，使学生逐步掌握资金筹集业务的账务处理，了解不同筹资业务的会计分类方法，提升学生筹资时的财务风险意识。

资金筹集业务的核算教学简况见表 11-13。

表 11-13　资金筹集业务的核算教学简况

授课内容	资金筹集业务的核算	课型：理论与实践
授课时间	待定	授课时数：3 学时
教学目标	1. 知识目标：通过学习，使学生掌握筹集资金所涉及的账户，并学会筹集资金经济业务的核算以及会区分两种筹集方式的不同点。 2. 能力目标：通过学习，能独立地完成筹集资金的核算	
教学重点	1. 筹集资金核算所涉及的账户。 2. 投入资金业务和借入资金业务的核算	
教学难点	资金筹集的账务处理	

续表

教学过程	教学内容	教学方法与手段
感知 （课前或课 中 10 分钟）	1. 学生提前感知课件、视频与参考资料。 2. 通过网络搜索相关资料。 3. 教师提两个问题，学生带问题去预习。 4. 小组成员在讨论区中讨论与交流	引导、阅读、做笔记、讨论
设计 （1 学时）	设计步骤： 1. 教师提出问题设计的要求。 2. 学生分组讨论，各组提出相关问题。 3. 对问题进行汇总，得出代表性的问题。 4. 各组讨论，形成回答问题的共识。 5. 学生各自回答问题	设计、提问、质疑
实施 （1 学时）	1. 学生根据设计的问题去实施、检查与验证。 2. 修改与完善回答的方案。 3. 展示方案、分享学习经验	实施、验证、完善
述评 （35 分钟）	1. 陈述学习过程，给每位同学评价。 2. 对全班学习进行总结，对每位同学评分	展示、汇报、评价
布置下次课 的学习任务	复习旧课，感知新课	自学

一、感知阶段

（一）感知

通过云平台发送学习任务，要求学生提前感知相关资料。把资料列成表格推送给学生，见表 11-14。

表 11-14　感知阶段相关资料

序号	感知资料	出处
1	课件	教师自制
2	视频	教师通过抖音、微视频下载
3	资料	教师通过多本教学参考资料整合而成

（二）提出问题

（1）新设的工业企业的资金可以通过哪些渠道筹集？

（2）筹资过程中会涉及哪些账户？

让学生带着这两个问题去感知，课前对学习材料有初步的认识。

二、设计阶段

根据教学目标的要求，对"筹集资金业务的核算"设计多个学习环节，然后分组讨论，提出一些相关的问题。

（1）筹资中的"实收资本""短期借款"等这些账户的确认是从谁的角度来确认的，这个角度的确定重要吗？能随时变换吗？

设计意图：首先让学生有一个业务的确认角度，做谁的账就要从谁的角度来确认业务，进行角色定位。

（2）在筹资环节涉及的"实收资本"和"资本公积"这两个账户中，有什么不一样？请举例说明。

设计意图：想通过简单的两个账户的不同，让学生进行深入挖掘这两个账户的含义，并且能举例进行说明，培养学生讨论学习，竞争学习的意识。

（3）在负债中，"短期借款"和"长期借款"的区别是什么，同时又会衍生出哪些账户？

设计意图：相似的账户类型最容易被混淆，让学生自己去探究两个账户的区别，增加印象，同时也能培养学生做账时谨慎的工作态度。

（4）在企业借款时，在借入借款—计算利息—实际支付—归还本金这几个阶段中，分别会涉及哪些对应账户？

设计意图：让学生从负债借入到还款一个流程思考各环节的处理手法，拓宽学生账务处理的思维宽度，达到举一反三的教学效果。

针对以上问题，任课教师要求各组认真分析，领会问题的含义，明确设计的意图，做到胸有成竹。

三、实施阶段

要回答所设计的问题，各小组要认真去探究，才有可能完成任务。首先让学生利用已有的知识，借助教师提前下发的课件、视频等资料去分析与讨论，挖掘案例里面的规律，发表自己的看法，形成对问题的共识，然后各自回答问题，写出书面材料交给组长，收到全组同学交来的书面材料以后，组长汇总本组的意见，并上传到云平台由教师点评，教师可直接点评 1～2 个组，也可让做得最好的组上台展示讲解分享，最后全班同学各自再继续完善自己的书面材料。这个阶段由组长根据各队员讨论的参与度、材料的完整度、团队协作能力及自主学习能力等的不同给予 5～10 分。

四、述评阶段

各组轮流派代表汇报，主要对本组同学在感知、设计和实施阶段的具体表现进行评价，重点汇报哪些同学提出的建议被采纳最多，哪些同学主动帮助其他同学，遇到难题时如何去破解，采用了什么方法和步骤，让任课教师全面了解本组每位同学的表现，以便任课教师给予公正的评价。最后通过云平台学生自评、同学评和教师评得出每位同学的评价结果。学习表现评价表见表 11-15。

表 11-15　学习表现评价表

活动项目	评价项目	自评	同学评	教师评
感知阶段	1. 按时观看视频和课件，阅读教材和相关资料。 2. 讨论与交流，发表个人的看法			
设计阶段	1. 能按教学要求进行合理设计。 2. 设计内容丰富、新颖，有创意			
实施阶段	1. 能按照设计方案要求实施。 2. 经过严格的检查、修改与测试			
述评阶段	1. 代表本组陈述整个学习过程的情况。 2. 陈述自然、流畅，教师给予评价			
教师评定				

注：评价等级，A—优秀，B—良好，C—中等，D—合格，E—不合格。

五、课后任务

每次课结束后，教师都要了解学生的学习情况，通过学习成绩图表分析学生的成绩状况，对学习成绩差的学生进行提醒，鼓励他们争取下一次课中积极回答问题，拿到更多的积分。此外，教师应查看学生对教师上课的反馈与建议，对学生提出的意见要重视，主动查找原因，考虑如何去改进，力争下次课上得更好。

教学案例九　负债筹资过程的业务处理及记账凭证的填制

负债筹资是指企业以已有的自有资金作为基础，为了维系企业的正常运营、扩大经营规模、开创新事业等，产生财务需求，发生现金流量不足，通过银行借款、商业信用和发行债券等形式吸收资金，并运用这笔资金从事生产经营活动，使企业资产不断得到补偿、增值和更新的一种现代企业筹资的经营方式。财务部门根据企业生产经营需要，分析长短期资金缺口，提出解决负债筹资的方案。通过规范负债筹资业务流程，确保所有负债筹资业务按规定程序和适当授权进行，实现预期目标；确保负债筹资业务的会计核算真实、规范、完整，防止差错和舞弊；确保正确计提和适时支付负债筹资的利息及本金；保证负债筹资业务符合国家有关法律、法规和公司的管理规定。作为会计专业的学生要掌握负债筹资主要账户设置和掌握负债筹资过程的记账凭证填制，只有这样才能够对负债筹资业务进行会计处理。

负债筹资过程的业务处理及记账凭证的填制见表 11-16。

表 11-16　负债筹资过程的业务处理及记账凭证的填制

授课内容	负债筹资过程的业务处理及记账凭证的填制	课型：理论与实践
阶段	教学过程	方法与手段
感知阶段	1．要求学生查看授课计划、课件、相关资料等。 2．简单了解现代社会企业资金来源途径有哪些，小组成员在讨论区中讨论与交流。 3．提问：企业资金筹集的主要途径有哪些？	引导、查看、讨论
设计阶段	引导学生从以下三个问题去探究： 1．负债筹资构成是什么？ 2．负债筹资的账户设置有哪些？ 3．负债筹资账务如何处理？	设计问题、提出问题、让学生尝试解决问题。
实施阶段	1．各小组根据设计要求去实操，查找解决问题的办法。 2．学生自己动手实操，通过小组讨论解决实操中遇到的难题	独立实操、展示分享、教师点评、完善
述评阶段	1．派代表陈述学习过程，对组内成员评价。 2．教师总结，给每位同学评分	1．汇报与总结。 2．评分

教学过程

　　为了让学生掌握"负债筹资过程的业务处理及记账凭证的填制"，课前通过云平台发出学习提醒，要求学生带着以下问题去提前感知有关"负债筹资"方面的知识："①企业资金筹集的主要途径有哪些？②负债筹资构成是什么？③负债筹资的账户设置有哪些？④负债筹资账务如何处理？"在课堂上组织学生讨论，形成对"负债筹资"的共识，让每个学生都能处理企业负债筹资业务及写出正确会计分录，学会相关记账凭证的填制，最后每小组派代表汇报，教师点评，具体过程如下。

一、感知阶段

（一）课前任课教师通过教学云平台引导学生做好以下准备工作

（1）通过教学云平台上传"负债筹资"教学资源，如课件、微课、视频、参考资料、推荐书目等，提醒学生提前浏览、阅读，建议学生掌握阅读技巧，学会快速阅读，养成阅读的习惯，同时，提醒学生把看过的教学资源列出表格清单，以方便在述评阶段展示。

（2）在云平台上发布学习"负债筹资"方面的要求、教学目的和教学重点难点等。提醒学生围绕学习重点与难点进行预习，培养学生自主探究的能力。

（3）提出在学习中要解决的问题，引导学生去阅读有关教学资源，如在学习"负债筹资"时，任课教师提出"负债筹资构成要素""负债筹资账户设置""负债筹资的账务处理"等相关问题，学生会大量浏览有关"负债筹资"的资料，对负债筹资进行深入分析，最后形成自己新的负债筹资观点。

（二）课前学生要做四个方面的准备

（1）主动登录云平台查看授课计划，了解上课内容、教学目的、教学重点难点等。

（2）通过云平台阅读教学资源，如阅读课件、微课、视频、参考资料和案例等，把看过的教学资源列成清单，以供陈述阶段展示。

（3）带着问题去感知，这样感知针对性比较强，效果比较好。

（4）针对问题在云平台上开展小组讨论与交流，各自发表自己的看法。

二、设计阶段

课中任课教师首先检查学生预习的情况，通过提问、抢答的方式来检查，让预习比较好的同学站起来讲，以激发全班同学的学习兴趣。然后开始讲解上课内容，对上课的重难点进行串讲。之后布置设计任务，要求学生根据负债筹资方面的知识提出一些假设。例如，你是公司会计，老板通过负债方式向银行借款 10 个月期限的长期借款10万元用于公司资金运营，如何做正确的会计分录并进行相关账务处理？通过问题培养学生的观察能力和思辨能力。接下来交给学生自己去设问，即自己针对负债筹资方面提出一些问题，每个学生提出的问题先在小组内讨论，最后归纳汇总形成本组代表性的问题，由组长负责整理上传展示。如财务处理中设计以下两个例题。

（1）2020 年 1 月 1 日，甲公司向银行借入 8 个月的资金 60000 元用于公司生产经营资金。2020 年 1 月 1 日下午已经收到 60000 元借款并存入公司的建设银行账户中，请做出相应会计分录和填制记账凭证。先检查各组写分录情况和填制记账凭证情况，然后作出针对性讲解，并总结。

（2）2018 年 3 月 25 日，甲公司向银行借入 3 年的资金 800000 元用于公司生产经营资金。2018 年 3 月 25 日下午已经收到 800000 元借款并存入公司的建设银行账户中，请做出相应会计分录和填制记账凭证。先检查学生写分录情况和填制记账凭证情况，然后讲解与总结。

三、实施阶段

针对设计阶段提出的问题，各组组长负责组织学生去实施与验证，每位学生都参与讨论如何去实施，大家达成实施的共识后，各自独立去完成，最后把问题的解决方案上传、展示与分享，教师选择具有代表性的方案进行集中讲解，每位学生针对教师讲解的要求再进行修改，形成最终的方案。在实施过程中无论遇到什么困难，都先在本组内讨论与分析，集大家的智慧去解决问题，如找不到解决问题的办法，可请其他组同学帮忙，要发扬团结互助的精神，集思广益，汇聚大家的智慧去解决问题，这有利于提高学生的团队协作能力和解决问题的能力。

四、述评阶段

各小组推荐代表陈述本组在感知、设计与实施阶段的学习情况，主要从设计阶段、实施阶段等方面进行汇报，重点汇报遇到的问题、采取什么方法去解决，小组讨论的时候哪些同学提出的建议被采纳最多，哪些同学帮助别人，对本组同学的表现进行简单总结，并逐一进行评价，任课老师听完后对学生进行打分并总结。实行轮流汇报目的是培养学生的语言表达能力和分析能力，通过课程的学习，让学生学会抓住问题的关键思考与联想，查找问题的根源，洞察问题的本质，寻找解决问题的对策等，只有这样才能对问题分析到位。

五、课后任务

任课教师通过云平台查看学生的学习情况，对获得积分较少的学生进行提醒，或者找他们谈话，让他们在下一次课中提前做好准备，争取拿到更多的积分。同时，任课教师要查看学生对上课提出的意见与建议，认真思考如何解决，争取在下一次课中改进，让学生越来越满意。

教学案例十　单工序导柱模的结构特点及工作原理分析

模具生产技术水平的高低已成为衡量一个国家产品制造水平高低的重要标志，因为模具在很大程度上决定着产品的质量、效益和新产品的开发能力。模具制造专业学生学习单工序导柱模的结构特点及工作原理分析，了解单工序导柱模在压力机一次冲压行程中各部件是如何工作的，显得十分必要。学生通过学习，掌握了导柱式落料模采用弹压卸料和弹压顶出的结构，冲压时材料被上下压紧而完成分离，明白了用这种模具生产零件的变形小、平整度高的道理。

单工序导柱模的结构特点及工作原理分析教学简况见表 11-17。

表 11-17　单工序导柱模的结构特点及工作原理分析教学简况

授课内容	单工序导柱模的结构特点及工作原理分析	课型：理论与实践
授课时间	待定	授课时数：2 学时
教学目标	通过学习了解单工序导柱模的结构特点及工作原理	
教学重点	单工序导柱模工作原理分析	
教学难点	掌握单工序导柱模工作原理	

续表

教学过程	教学内容	教学方法与手段
感知 （课前或课 中 10 分钟）	1. 学生通过云平台查看授课计划、课件、相关资料。 2. 通过手机搜索"单工序模的特点"，简单了解单工序模的工作原理。 3. 小组成员进行讨论与交流	引导、查看、讨论
设计 （25 分钟）	提出设计问题： 1. 单工序模是如何工作的？ 2. 单工序模主要由哪些零件组成？ 3. 单工序模的弹性装置如何选择？	设计、提问、出方案
实施 （35 分钟）	1. 根据设计的要求去实施、验证，并查找解决问题的办法。 2. 不断完善实施方案	实施、验证
述评 （20 分钟）	1. 对解决问题的过程进行总结与评价，指出小组中各位同学的具体表现。 2. 给每位同学评分	展示、汇报、评价
布置下次课 的学习任务	复习旧课，预习新课	自学

教学过程

　　课前任课教师通过云平台发出学习通知，要求学生带着"单工序模主要由哪些零件组成"以及"单工序模是如何工作的"两个问题去提前感知有关"单工序模"方面的知识，然后在课堂上组织学生讨论，形成对"单工序模"的共识，每位学生绘制单工序模的结构草图，并学会观察单工序模是如何进行工作的，最后每小组派代表汇报，教师点评，具体过程如下。

一、感知阶段

（一）任课教师通过云平台引导学生做好以下工作

　　（1）通过教学云平台上传教学资源，如课件、微课、视频、参考资料、推荐书目等。要求学生把看过的教学资源列成表格清单，以便在述评阶段展示。

　　（2）在云平台上发布学习任务，提出具体学习要求、教学目的和教学重难点等。注意预习重点与难点，引导学生自主去探究学习。

（3）提出要解决的问题，让学生带着问题去寻找答案。如在学习"单工序导柱模的结构特点"及"单工序导柱模的工作原理"时，任课教师提出"单工序导柱模由哪些零件组成"这一问题，那么学生将大量浏览有关"单工序导柱模"的资料，对单工序导柱模结构进行深入分析，不断与已有的想法对比，形成新的对单工序导柱模结构的观点。

（4）通过云平台查看学生预习中提出的难题，以便在课堂上统一讲解，集中精力解决这些难题。

（二）学生要做四个方面的准备

（1）通过云平台查看授课计划。了解上课的内容、具体要求、教学目的、教学重难点等。

（2）通过云平台阅读教学资源，如阅读课件、微课、视频、参考资料和案例等，并把看过的教学资源列出清单，以供学习结束展示。

（3）带着问题去感知，这样学习针对性比较强，效果比较好。

（4）针对问题的解决，由组长发起小组内讨论与交流，各自发表看法，经过头脑风暴之后形成解决问题的共识。

二、设计阶段

课中任课教师给全班提出学习目标与要求，串讲授课内容，通过提问、抢答的方式检查学生带问题去感知是否把问题弄清楚了，对抢答比较好的同学进行表扬加分，以激发全班同学的学习兴趣，接着布置设计任务，要求学生根据分析冲裁模具方面的知识提出一些假设，如提出"①单工序模有什么样的特点？②在冲压设备完好的情况下，单工序模在冲裁过程中质量达不到要求，主要改变哪个零件的尺寸以提高质量？"等两个问题让学生自己思考，学生会针对单工序模拆装与分析，把自己的理解与大家分享，这样可培养学生的观察能力和思辨能力。同时，引导学生自己去设问，即针对单工序模方面提出一些问题，只要跟单工序模有关都可以，提出问题前先在小组内讨论，然后经过归纳汇总形成本组代表性的问题，最后在班上汇报，这不仅能培养学生的沟通能力，还可培养学生的创新能力。在设计过程中，无论遇到什么困难，都应先在组内进行头脑风暴，发挥本组同学的智慧，经过充分讨论与分析，最终都会找到解决问题的办法。

三、实施阶段

针对设计阶段提出的问题"①单工序模有什么样的特点？②在冲压设备完好的情况下，单工序模在冲裁过程中质量达不到要求，主要改变哪个零件的尺寸以提高质量？"等，任课教师要引导学生去实施与检验，如"在冲压设备完好的情况下，单工序模在冲裁过程中质量达不到要求，主要改变哪个零件的尺寸？"这个问题，可以通过学生拆装单工序模的方式发现问题，然后找到解决问题的方法，也可参考一些资料来做实验，整个学习过程以教师为主导，由组长组织学生去实施与检验，每位学生都参与讨论，发扬团结互助的精神，汇聚大家的智慧去解决问题，这对培养学生的团队协作能力和解决问题的能力都有益处。

四、述评阶段

实施阶段结束后，各小组要推荐代表陈述本组在感知、设计与实施阶段的学习情况。上传本组的解决方案到云平台，在全班进行汇报，重点汇报遇到的问题如何解决，同学间如何互相帮助，有哪些主要创新点和存在的问题，最后对本组同学评价。任课教师听完汇报后，即可对每位学生进行打分，并对该组同学完成情况进行全面总结。

五、课后任务

任课教师在上完课后，登录云平台查看学生的学习情况，对学习过程中获得积分较少的学生进行提醒，以便他们在下一次课中主动参与抢答与讨论，争取得到更多的积分。同时，任课教师要查看学生对自己上课反馈的意见，针对学生提出的建议，认真思考，争取在下一次课中改进。

教学案例十一　西安事变的影响

 **教学背景**

　　西安事变于 1936 年 12 月 12 日爆发，它的和平解决是各种社会政治因素合力作用的结果。西安事变的和平解决对国共两党的再次合作、团结抗日起了重大的推动作用，为抗日民族统一战线的建立准备了必要的前提，为取得抗日战争的最终胜利奠定了政治基础，标志着十年内战基本结束和抗日民族统一战线初步形成，极大地鼓舞了中国人民的抗日热情，奠定了全民族抗战的基础。学生通过学习，了解西安事变的真实情况，明白西安事变在抗日民族统一战线形成中的作用。

 **教学简况**

　　西安事变的影响教学简况见表 11-18。

表 11-18　西安事变的影响教学简况

授课内容	西安事变的影响		课型：理论
授课时间	待定		授课时数：2 学时
教学重点	了解西安事变的起因与过程是什么？		
教学难点	第二次国共合作给中国带来怎样的影响？		
教学过程	教学内容		教学方法与手段
感知 （课前或课中 15 分钟）	1. 学生提前感知课件、视频等参考资料。 2. 教师提两个问题，学生带问题去预习。 3. 小组成员在讨论区中讨论与交流		引导、阅读、做笔记、讨论
设计 （25 分钟）	问题设计： 1. 教师提出设计的要求。 2. 学生分组讨论，各组提出相关问题。 3. 对问题进行汇总，得出代表性的问题。 4. 各组讨论，形成回答问题的共识。 5. 学生各自写出回答问题的文档上传		设计、提问、质疑

续表

实施 （30分钟）	1. 学生根据设计的问题去检查与验证。 2. 修改与完善回答的方案。 3. 展示方案、分享学习经验	实施、验证、完善
述评 （20分钟）	1. 介绍学习过程，对每位同学评价。 2. 教师总结，对每位同学评分	展示、汇报、评价

一、感知阶段

（一）感知

通过云平台发送学习任务，要求学生提前感知相关资料（课件、视频、资料等），初步了解西安事变的起因与经过，为上课讨论发言做好准备。

（二）提出问题

（1）西安事变的起因与过程是什么？

（2）西安事变的历史意义是什么？

让学生带着这两个问题去感知，在课前对西安事变有初步的认识。

二、设计阶段

根据教学目标的要求，任课教师对"西安事变的影响"设计多个学习环节，学生通过分组讨论，提出一些相关问题，如有一组提出以下问题：

（1）西安事变在抗日民族统一战线形成中起到了促进的作用，为什么不说是"决定性作用"？

（2）如果说没有西安事变，抗日民族统一战线会最终形成吗？

（3）什么因素最终促成统一战线的建立？

最后全班对各小组提出的问题进行汇总，形成统一的共识，提出具有代表性的问题。

（1）西安事变的起因与过程是什么？

（2）第二次国共合作给中国带来怎样的影响？

三、实施阶段

各小组根据全班汇总出来的代表性问题（即设计的问题）进行小组讨论，组内同学充分发表个人的看法，围绕回答问题展开讨论，形成回答问题的共识，最后每个同学独立回答问题，并写出书面材料交给组长。

四、述评阶段

各组轮流派代表汇报，对本组同学进行评价，通过自评、同学之间互评和教师评，得出最终的评分。学习表现评价表见表 11-19。

表 11-19　学习表现评价表

活动项目	评价项目	自评	同学评	教师评
感知阶段	1. 按时观看视频和课件，阅读教材和相关资料。 2. 讨论与交流，发表个人的看法			
设计阶段	1. 能按教学要求进行合理设计。 2. 设计内容丰富、新颖，有创意			
实施阶段	1. 能按照设计方案要求实施。 2. 经过严格的检查、修改与测试			
述评阶段	1. 代表本组陈述整个学习过程的情况。 2. 陈述自然、流畅，教师给予评价			
教师评定				

注：评价等级，A－优秀，B－良好，C－中等，D－合格，E－不合格。

五、课后任务

上课结束后，教师通过云平台查看学生的学习情况，对积分低的学生进行提醒，鼓励他们争取下一次课中积极回答问题，拿到更多的积分。此外，教师应查看学生对教师上课的反馈与建议，对学生提出的意见要重视，主动查找原因，考虑如何去改进，力争下次课上得更好。

教学案例十二　二氧化硫的性质和作用

二氧化硫是常见、有刺激性的硫氧化物，是无色气体，也是大气主要污染物之一。火山爆发时会喷出该气体，在许多工业过程中也会产生二氧化硫。由于煤和石油通常都含有硫元素，因此燃烧时会生成二氧化硫。当二氧化硫溶于水中，会形成亚硫酸。若把亚硫酸进一步在 PM2.5 存在的条件下氧化，便会迅速生成硫酸（酸雨的主要成分）。这就是对使用这些燃料作为能源的环境后果担心的原因之一。作为大学生，有必要认识二氧化硫的主要性质与作用，了解二氧化硫对空气的污染，知道硫酸型酸雨的形成原因和防治方法，这对培养学生良好的环境保护意识有好处。学生通过学习与实验探究，掌握二氧化硫的主要性质，在二氧化硫的探究过程中，通过观察、对比、分析、推理、归纳等获取新知识的方法，提高科学分析的能力，培养宏微结合、实验探究、证据推理、创新意识等化学核心素养。通过对二氧化硫在日常生活中的应用、对生态环境的影响讨论，激发学习兴趣，形成科学风险认知，树立正确的科学价值观与社会责任感。

二氧化硫的主要性质与作用教学简况见表 11-20。

表 11-20　二氧化硫的主要性质与作用教学简况

授课内容	二氧化硫的主要性质与作用	课型：理论与实践
授课时间	待定	授课时数：2 学时
教学重点	掌握酸雨的概念以及酸雨形成的原因	
教学难点	了解二氧化硫的化学符号及其性质	

续表

教学过程	教学内容	教学方法与手段
感知 （课前或课中 10 分钟）	1. 学生提前感知课件、视频等参考资料。 2. 教师提出问题，学生带问题去预习。 3. 小组成员在讨论区中讨论与交流	引导、阅读、做笔记、讨论
设计 （20 分钟）	问题设计： 1. 教师提出设计要求。 2. 学生分组讨论，各组提出相关问题。 3. 对问题进行汇总，提出代表性问题。 4. 各组讨论并形成回答问题的共识。 5. 学生回答问题，整理成文档上传	设计、提问、质疑
实施 （45 分钟）	1. 学生根据设计问题去实验与探究。 2. 完善回答问题的方案。 3. 上传、展示方案、分享学习经验	检查、验证、完善
述评 （15 分钟）	1. 介绍学习过程，对每位同学评价。 2. 教师总结，对每位同学评分	展示、汇报、评价

一、感知阶段

通过云平台发送学习任务，要求学生提前感知相关资料。如把以下这些资料推送给学生看。

（1）1872 年，美国化学家 Smith 首先提出了"酸雨"一词，但直到 20 世纪 40 年代，酸雨问题才引起了人们的广泛关注。

（2）1972 年 6 月 5 日，具有历史意义的人类环境会议在瑞典首都斯德哥尔摩召开，通过了著名的《人类环境宣言》，并确定了每年 6 月 5 日为"世界环境日"，从 1974 年起，每年由联合国环境规划署确定一个主题，开展"世界环境日"的活动，其中 1983 年的主题是"防治酸雨"。

（3）1985 年，几场酸雨过后，我国四川省奉节县 9 万亩华山松全部枯死，重庆市南山县 2.7 万亩马尾松死亡过半。

提出两个问题：①什么是酸雨？它可分为哪些类型？②酸雨的主要成分是什

么？它是怎样形成的？让学生带着这两个问题去感知，课前对学习材料有初步的认识。

二、设计阶段

根据教学任务的要求，由组长组织本组讨论，针对二氧化硫的性质和作用，提出一些相关的问题，全班各组可能会提出 20 多个问题，然后，大家根据分类汇总的办法，对 20 多个问题进行讨论与分析，任课教师组织组长们开会确定，最后形成全班具有代表性的问题，如：①二氧化硫的主要性质有哪些？②二氧化硫的主要来源是什么？③酸雨有哪些危害？④如何防治酸雨？

三、实施阶段

各组针对以上三个问题进行讨论，就如何回答问题发表个人的看法。如回答"二氧化硫的主要性质有哪些"这一问题，通过大家分析形成回答问题的共识，然后各组组员独立写出答案，上传到云平台，任课教师对大家上传的答案进行审阅，从中挑选出两个同学上台演示与分享，最后教师点评与总结。接着每位学生根据教师的总结，独自修改自己的答案，并写出书面材料交给组长。

四、述评阶段

当实施阶段结束后，各小组要推荐代表陈述本组在感知、设计与实施阶段的情况。重点汇报遇到的问题，采取什么方法去解决，哪些同学表现最出色，哪些同学主动去帮助别人，最后对本组每位同学进行简要评价。任课教师根据每位学生的表现进行评分。

五、课后任务

上课结束后，教师要及时通过云平台查看学生的学习成绩，对成绩差的学生进行提醒，要求他们在下一次课中多下点工夫，拿到更多的积分。此外，教师应查看学生对教师上课的反馈与建议，对学生提出的意见要重视，主动查找原因，考虑如何去改进，力争下次课上得更好。

教学案例十三　广西民族工艺品绣球的详情页制作

教学背景

　　详情页是一款宝贝的核心竞争力，买家对宝贝的第一印象都是靠详情页在心中形成的，所以如何写好详情页是每个卖家都应该去思考的问题。在这里我们主要讨论绣球详情页的制作方法。首先，教师要引导学生去了解壮族的民族文化背景、壮族绣球起源、壮族绣球代表意义和作用，同时组织学生观看壮族绣球制作过程视频，通过问题的方式引导学生去查找资料，找到设计的思路与方法，最后结合个人的理解去设计。把握绣球的民族文化与特点，在详情页设计时思路就会比较清晰，制作的效果就会好一些。

教学简况

　　广西民族工艺品绣球的详情页制作教学简况见表 11-21。

表 11-21　广西民族工艺品绣球的详情页制作教学简况

授课内容	广西民族工艺品绣球的详情页制作	课型：理论与实践
授课时间	待定	授课时数：3 学时
教学过程	教学内容	教学方法与手段
感知 （课前或课中 10 分钟）	1. 学生提前观看视频、课件等参考资料。 2. 在网上查看相关设计案例。 3. 教师提出问题，学生带问题去准备。 4. 在讨论区中讨论与交流	引导、阅读、讨论
设计 （1 学时）	设计步骤： 1. 教师提出问题设计的要求。 2. 学生分组讨论，各组提出相关问题。 3. 对问题进行汇总，得出代表性的问题。 4. 各组讨论，形成回答问题的共识。 5. 学生各自回答问题	设计、提问、质疑

续表

实施 （1学时）	1. 学生根据设计的问题去实施、检查与验证。 2. 修改与完善回答的方案。 3. 展示方案、分享学习经验	实施、验证、完善
述评 （35分钟）	1. 陈述学习过程，给每位同学评价。 2. 对全班学习进行总结，对每位同学评分	展示、汇报、评价
布置下次课 的学习任务	复习旧课，感知新课	自学

教学过程

一、感知阶段

通过云平台发送学习任务，要求学生提前感知相关资料（课件、资料、视频……），如提前发布资料：① 壮族民族文化背景介绍；② 壮族绣球起源故事；③ 壮族绣球代表意义和作用；④ 壮族绣球制作过程视频等。并提出问题："小明想在自己广西民族特色店上架广西工艺品绣球，在制作详情页不懂怎么设计，我们作为电商专业的人，怎么帮他设计呢？"让学生带着问题去预习，然后由组长组织大家在网上讨论，初步掌握设计的基本要求。

二、设计阶段

任课教师通过抢答的方式检查学生带问题去感知的情况，请准备比较好的同学站起来谈谈自己预习的情况，对问题的理解是否准确。然后简要讲解上课内容与要求，重点讲解详情内页制作知识点及注意事项，接着布置学习任务，要求学生分小组进行设计，利用详情页制作的知识点，制作一张"广西民族工艺品绣球"详情页。各小组组长要主持大家讨论，通过学习与分析达成设计的共识。然后每位同学开始独立设计一张详情页，设计出来的同学要上传到云平台，任课教师从中挑选制作比较好的同学上台展示，讲解自己的设计想法，与全班同学分享心得体会。最后任课教师点评与总结。全班同学根据教师的要求再次修改与完善详情页，任课教师巡堂指导，并解答各组提出的问题。

三、实施阶段

在这一阶段里，每位同学要按照教师的要求，测试自己设计的详情页链接，看看能不能正常使用，从设计风格、主色调和响应速度方面检查是否合适，对不满意的地方进行修改与完善。遇到难以解决的问题，大家一起讨论，利用已有的知识去分析与判断。整个实施过程由组长指导，鼓励会做的同学去指导不会做的同学。大家共同努力完成设计任务。

四、述评阶段

这一阶段，各组轮流派代表汇报，重点汇报感知阶段预习的情况；在设计阶段又如何分组讨论，哪些同学表现比较活跃，哪些同学帮助了其他同学，设计方面有什么考虑，遇到难题如何克服，最终是如何达成设计的共识；在实施阶段又如何去修改设计方案，遇到问题如何去解决等。任课教师听完汇报后进行总结，并给每位同学评分。同时也要求学生参与评分，具体见表 11-22。

表 11-22　评价表

评分标注	遵守纪律态度端正（2分）	积极参与（2分）	回答准确（2分）	总结具体（2分）	清晰表达（2分）	总计
教师评						
学生互评						

五、课后任务

上课结束后，教师通过云平台查看学生的学习情况，对积分低的学生进行提醒，鼓励他们争取下一次课中拿到更多的积分。此外，教师要查看学生对教师上课的反馈与建议，对学生提出的意见要引起重视，要及时查找原因，思考如何去改进，力争下次课上得更加精彩。

教学案例十四　Web 前端开发

Web 前端技术的发展是互联网自身发展变化的一个缩影。Web 前端开发主要把页面更好地呈现给用户，并完成与服务器的数据交互。在 Web 前端开发中，JavaScript 的事件是每个开发者必须了解并掌握的知识。可以说，任何一个页面都离不开事件，因此让学生来讨论事件流这个问题具有十分重要的意义。通过本次学习，让学生理解 JavaScript 的事件流，熟悉事件对象的使用及掌握常用事件的实现方法，掌握 JavaScript 常用事件的实现方式。

Web 前端开发教学简况见表 11-23。

表 11-23　Web 前端开发教学简况

授课内容	Web 前端开发		课型：理论与实践
授课时间	待定		授课时数：3 学时
教学重点	理解 JavaScript 的事件流，熟悉事件对象的使用及掌握常用事件的实现方法		
教学难点	掌握 JavaScript 常用事件的实现方式		
教学过程	教学内容		教学方法与手段
感知 （课前或课中 10 分钟）	1. 学生提前看课件、视频等参考资料。 2. 教师提出问题，学生带问题去预习。 3. 小组成员在讨论区中讨论与交流		引导、阅读、讨论
设计 （1 学时）	设计步骤： 1. 教师提出设计的要求。 2. 学生分组讨论。 3. 形成设计的共识。 4. 学生各自进行设计，并上传设计方案		设计、提问、质疑

续表

实施 （1 学时）	1. 学生根据设计方案，去运行与检验。 2. 展示方案、分享经验。 3. 完善设计方案	运行、验证、展示、完善
述评 （35 分钟）	1. 学生代表介绍学习过程，给每位同学评价。 2. 教师进行总结，对每位同学评分	展示、汇报、评价

一、感知阶段

任课教师通过云平台给学生发送学习任务，要求学生提前了解教学目的、教学重难点等，以及观看视频、课件等相关资料。同时，给学生提出以下两个问题。

（1）网页响应用户操作的原理是什么？

（2）一个页面中有哪些事件？如何实现？

要求学生带着这两个问题去思考，在课前搞清楚这两个问题，并写出答题方案上传，以便任课教师上课时集中讲解，让学生集中讨论与交流。

二、设计阶段

（1）通过一个简单案例引出第一个问题，来检查学生的课前思考情况，对主动回答问题并且表现较好的学生加分。

（2）简要讲解上课内容：JavaScript 事件流概念及两种类型。

（3）针对"网页响应用户操作的原理是什么"这一问题，引出事件流概念，给学生演示一个简单案例，让各组讨论事件流，最后通过抢答的方式让学生说出两种事件流的大概流程。

针对"一个页面中有哪些事件及如何实现"这一问题，各组开展讨论，请组长负责汇总本组回答情况，最后提出具有代表性的答案，如：①页面类事件，包括 load、unload 事件，分别用于页面载入和关闭时触发；②鼠标类事件，包括 click、 mousedown、mouseover 等等事件；③表单类事件，包括 submit、reset 事件，分别用于表单提交和重置时触发。

（4）针对各组提出的问题进行讨论，大家集思广益，分类汇总出具有代表性的答题方案。组长组织本组讨论方案，写出相关事件的案例，最后组长总结讨论结果并上传答题方案，教师随机抽取两组上台演示与分享。

（5）教师对上台分享的答题方案进行点评，每个同学按要求对自己的答题方案进行修改与完善，最后上传方案。

（6）教师根据各组回答问题的情况，给积极主动回答问题的学生计分。

三、实施阶段

实施阶段是对答题方案进行检验。首先，由组长组织本组讨论，明确实施的方式方法，如第一个问题"网页响应用户操作的原理是什么"，任课老师需要通过一个简单页面案例来展示其背后的原理——事件流，引导学生讨论事件流。第二个问题"一个页面中有哪些事件及如何实现"，针对这个问题大家一起讨论与分析，指出页面中全部事件，并明确如何去实现，这种学习方法有利于锻炼学生发散思维。实施阶段是对问题认真检查与验证，通过讨论、检查、验证，不断完善答题方案，最后从多个方案中选出一个最佳方案，上传演示与分享，让全班同学都掌握最终的方案。这种教学方法既有利于培养学生团队协作能力，也有利于提高学生解决问题的能力。

四、述评阶段

在此阶段，各组组长负责陈述本组在感知、设计和实施阶段的学习情况。如在教学准备阶段，学生是否提前预习教学资料，是否针对一些疑问通过网络讨论解决。在设计阶段，有哪些同学回答问题最多，遇到难题解决不了的时候采取什么办法去解决，有哪位同学主动去帮助别人等。陈述结束后，要对本组成员进行评价。任课教师根据陈述的情况，结合课堂上的表现给每位学生评分。

五、课后任务

学习结束后，任课教师通过云平台了解学生的学习成绩，对成绩差的学生进行提醒，鼓励他们课前做好准备，课上积极回答问题，争取拿到更多的积分。此外，教师要查看学生对教师上课的反馈情况，对学生提出的授课建议要重视，要查找原因，及时改进，力争下次课上得让学生满意。

参考文献

[1] 王鉴. 课堂研究概论[M]. 北京：人民教育出版社，2007.

[2] 李定仁，徐继存. 教学论研究二十年[M]. 北京：人民教育出版社，2001.

[3] 秦娟. 让课堂洋溢生命感[M]. 上海：华东师范大学出版社，2017.

[4] 黄书真. 重点高校课堂有效教学现状调查与分析[D]. 长沙：湖南大学，2010.

[5] 杨叔琼. 大学课堂教学研究[D]. 长沙：湖南大学，2006.

[6] 宋秋前. 课堂教学问题问诊与矫治[J]. 教育研究，2001（4）.

[7] 彭振宇. 黄炎培平民教育思想的历史意义与当代价值[J]. 教育与职业，2021
     （14）.

[8] 石洪柱. 高效课堂教学模式的校本研究[D]. 石家庄：河北师范大学，2015.

[9] 范桢. 对初中语文高效课堂的反思及策略研究[D]. 苏州：苏州大学，2011.

[10] 粟晓黎. 高效课堂模式下培养学生自主学习化学能力的实证研究[D]. 武汉：
     华中师范大学，2011.

[11] 葛言. 语文核心素养背景下初中阅读教学高效课堂的构建研究[D]. 苏州：
     苏州大学，2019.

[12] 裴佳欢. 基于翻转课堂的"大学计算机"计算思维与操作技能培养[D]. 石
     家庄：河北师范大学，2015.

[13] 赵锴，岳真，袁晓玲. 课堂教学现状的调查、分析与未来[J]. 现代教育科学，
     2019（12）

[14] 曾小仁. 爱的教育[J]. 教育视野，2010（75）.

[15] 睢中华. 爱的教育[J]. 新课程·小学，2017（5）.

[16] 姜俊和. 建构主义教学理论及其启示[J]. 沈阳教育学院学报，2005（7）.

[17] 陈威. 建构主义学习理论综述[J]. 学术交流，2007（3）.